JN056145

だれもが〈科学者〉になれる!

探究力を育む理科の授業

チャールズ・ピアス
門倉正美・白鳥信義・山崎敬人・吉田新一郎 訳

新評論

まえがき

チャールズ・ピアス先生の教室を初めて訪ねたとき、私は教室の後方に座って懸命にノートをとっていたのですが、しだいに二つのことが気になり出しました。一つは、生徒たちが感じている学びの不思議さと興奮、そしてそれに伴う喜びをどのように表せばよいのだろうかということです。そして、もう一つは、研究者のようにノートをとることがばかばかしくなったということです。単純に、小学校五年生に戻って、私自身が生徒として授業に参加したくなったのです。

ピアス先生の授業は、まるで音楽界の巨匠がオーケストラを指揮しているようでした。私も、オーボエを取り出して吹きたくなってしまったのです。

本書は、著者のピアス先生のように、教育を創造的で知的に熱中する、途方もなく面白い仕事だと思っている教師にとって重要な本です。具体的に詳細な実例を豊富に紹介することによって、著者は教室で進行している活動と意思決定のプロセスを描き出しています。これによってピアス先生は、探究心を軌道に乗せるさまざまな方法を提供するとともに、きわめて優れた教師の実践を形成している「振り返り」や「選択」、そして「価値観」のモデルを提示しています。また本書は、教育実践のプロセスについての本であると同時に、読者に自らの教育における挑戦やチャンスについて考えるためのガイドともなります。

近年、教師の優れた知恵や実践を正当に評価する必要性について、多くの議論が行われてきました。優秀な実践家は、しばしば教育改革の試みやカリキュラム評価の委員会などに加わるよう要望され、多くの人たちは喜んでその求めに応じてきました。しかし、それらの委員会の最終報告書が出たとき、それにかかわった教師たちは、委員会での議論をとりまとめて新しいカリキュラムや改革を提起しているはずの報告書を目にして、自分たちのアイディアはいったいどこへ行ってしまったのか、と疑問に思いました。

教師たちの実践が「到達目標」という言葉へと昇華されてまとめられてしまうと、成功した教育現場で実際に行われたことの具体的な内容が見えなくなってしまうことが多いものです。たとえば、クラスの一日はどのようにはじまるのでしょうか？　一年はどのように進んでいくのでしょうか？　思慮に富んだ実践家は、どのように自分を評価しているのでしょうか？

委員会のこうした報告書とは対照的に、本書は一人の教師の肉声を読者に伝えています。あらゆる教師に対応する一般化された指導法ではなく、チャールズ・ピアス先生は、教師がそれぞれの知性と判断力を発揮し得るような、明確で具体的な指導法を示しています。いまだに教えるということは、ほかに取りえがない人たちのための職業と思われています。本書の存在は、こうした固定観念を打破するだけでなく、次のように、すべての教師に呼びかけています。

「何ができるかを見てみよう。自分自身を、知的で有能な教育者コミュニティーの一員として自覚しよう。あなた自身の実践を、非常に重要で独自のものであると捉えることによって、そうしたコミュニティーに仲間入りしよう」

きわめて有能な実践家たちによって構成されているコミュニティーに属しているチャールズ・ピアス先生のような教師たちが行っている実践の特徴とはいったい何でしょうか？ もっとも重要なことは、生徒が論理的で厳密な思考や明快な推理について知り、それらを探究し、尊ぶように手助けすることが教育者の任務であるという信念です。そして、こうした思考や探究を促進するためにもっとも有力となる教師の方策は、生徒は明敏であり、必ず理解することができ、物事が解き明かされたときには快感を味わうのだという、生徒に対する強い信頼です。

生徒たちのなかに踏み込んで探究の道を示すことができないでいる私たちのような者とは違って、ピアス先生は、生徒たちのなかに入っていって彼らの後ろに立ち、自らの観点から探究の全体像を見つめることのパワーと楽しさに目を向けさせてくれるのです。

とはいえ、教えるということは、本書が解き明かしているように、ただ単に全体像を見つめることに留まりません。ピアス先生は生徒の経験を下支えし、彼らに楽しくかつ有効な努力目標を与え、彼らのアイディアをなんとか形にする機会をつくり出すための足場を提供しています。本書を読むと、生徒が提出する観察や説明に対して、ピアス先生が真剣な関心をもって対応していることがよく伝わってきます。ピアス先生は、思考することを教える際の形式主義的な慣行を打ち破って、そうした慣行を本物の方法や態度、すなわち実際の科学者が習慣的にとっている思考法と置き換えているのです。

一般的に言って、科学的思考は「科学的方法」と呼ばれるものと結びついています。本書のなかで私が好感をもっているところは、ピアス先生が科学的方法の実際のあり方を理解していることです。科学的思考は、単に仮説からはじまって結論で終わる一連の段階を踏むといったものではなく、景観は素晴らしいが難所も多い登山道のようなものです。あちこちに脇道が存在しており、その脇道を行くと、正規の道よりも面白い問いや結論に至るといったこともあります。

時には、生徒が正規の道に行くようガイド役が励ますとともに、周りをよく見わたすように手助けする必要があります。またガイド役は、気晴らし役を果たしたり、「良き教師」として、生徒が自然のサインを読み取れるように手助けしたりもします。

生徒とガイド役は、どの道がどこへ行き着き、行き止まりで何が生じるかなどについてともに発見します。もちろん、障害物に対しては団結して取り組みますし、ともに引き返すこともあります。しかし、生徒はどこまで引き返すべきなのでしょうか？　必ずしも、常にはっきりとした答えがあるわけではありません。

言うまでもなく、こうした道行きがいつも楽しいというわけでもありません。しかし、何かを本当に解き明かそうとするときには、そうしたことはほとんど問題にならないのです。これが、実際の科学者が行っている科学的方法であり、ピアス先生が生徒に教えている方法なのです。そして、これこそが、私たち読者と共有しようとしている彼の方法なのです。

本書『だれもが〈科学者〉になれる！』は、読者をピアス先生の教室を見学しているような気持ちにさせます。内容は豊かで、多岐にわたっており、授業の進行についての説明はすべての教育実践家に「いったい次はどうなるのか」を予感させます。しかし私は、読者が本書を熟読する場合には、書かれてある内容だけでなく、教室で起こっている活動の全体的な性格・基調といったものから学んでほしいと思っています。

本書は、生徒の知性と態度が成長する姿を物語のように描いています。それはまた、学び続け、同じような好奇心を生徒に注ぎ込むことをめざす教師自身の成長物語でもあります。このような物語こそが望ましいことであり、私が触発された点でもあります。

ピアス先生の教育と著作を突き動かしている好奇心と謙虚さは、彼の実践そのものが今後も変化していくことを意味しているようにも思えます。もし、今から三、四年後にこの教室を訪ねたなら、本書に記された独自のアイディアや活動については、その痕跡しか見ることができないかもしれません。こうした進化は、ピアス先生の教室で学ぶ生徒の関心や経験にきちんと対応したことの結果なのです。

ピアス先生の戦術と方法は、彼を取り囲む教材や資源（たとえば、暖かい気候の年、培養皿の寄付、芸術が好きな生徒チューターの採用など）の影響を受けるでしょうし、ほかの教育実践家の反応に応える形で教室そのものが変わっていくこともあるでしょう。ピアス先生は、ほかの優れた教師と同じく、自らの教育実践を向上させる最善の方法は、ほかの教師たちが教室で成し遂げたことに耳を傾けることである、ということを知っているからです。

本書の「楽譜」（表面に書かれたこと）を読むだけでなく、そのニュアンス、エネルギー、そして指揮者を導く楽曲の奥に潜んでいる「センス」も読むように努めてください。そして、あなた自身のクラスのことを考えましょう。教える人たちには、なんと多くの可能性が待ち受けているのか、それが分かります！

ウェンディー・ソール(1)

（1）（Wendy Saul）現在は、ミズーリ大学（セントルイス校）教育学部の名誉教授。本書が出版された当時はメリーランド大学（ボルティモア校）の教育学教授で、全米科学財団からの資金援助を受けた小学校レベルの理科と国語を統合するプロジェクトのリーダーを務めていました。このプロジェクトについては、本書のviiページ、六七～七〇ページ、二〇九ページで紹介されています。

謝辞

本書を書くことは、発見と、その記録化のプロセスでした。科学の場合と同じく、書くことは問うことからはじまります。何を共有したらいいだろうか？　どうしたら探究の核心を言葉で表現することができるだろうか？　そして、教室で探究アプローチの理科教育を実行し、記録する作業全体を通じて、多くの人々から励ましとアイディアと友情をいただきました。

本書の執筆は、メリーランド大学ボルティモア校で開かれた小学校理科統合プロジェクトに参加したことからはじまりました。そこでウェンディー・ソール博士は、教師が本物の活動をすれば、「理科と読み書きとの間に現実的なつながりをつくり出すことができる」という、博士自身が得た触発的な信念を共有してくださいました。そして、このプロジェクトで出会ったメンバーたちは、「第一回子ども探究大会」(2)の実現を支援してくれました。その際、プロジェクトのプログラム責任者のバーバラ・ボルンは実用的かつ創造的な才能を発揮してくれました。人材や必要な物資の補充に関する彼女のアイディアに倣うことによって、多くの教師が多くの場所で子ども

(2)　子ども探究大会は、探究理科教育の一環として、学年末に生徒たちが探究成果を学会のような形式の大会で発表する催しを指しています。詳しくは、第9章を参照。

探究大会を開催することができたのです。

いったん触発を受けた教師には、新しいアイディアを試行する自由が必要となります。メリーランド州キャロル郡の学校では、私の努力を支えてくれる校長と指導主事たちに恵まれました。私が最初に赴任した学校の校長だったボニー・フェリアー先生は、リスクを冒すことを恐れないように私を励まし、探究的理科教育を熱心に支援してくださいました。また、ラリー・タイリー先生は、目的を達成するためにはさまざまなやり方があることを認めてくださる指導者でしたし、マンチェスター小学校の校長であるボブ・ミッチェル先生は、成長しようとする生徒と教師を支えることによって、生徒が「子ども探究大会」を実現することに助力してくださいました。

私の子どもたち、ウィル、エミリー、サラは、皿の上でブドウを回転させたり、ゴーカートで坂道を下ったり、食べてしまった棒チョコはどこに行ったのかなどについて考えたりしているときの「科学者ぶり」を私に見せてくれました。彼らのそうした姿を見ることによって私は、学校で生徒に、科学者になるための自由と励ましを与えることができました。教えた生徒たちからは、たくさんのことを学びました。彼らと共有した発見の瞬間すべてについて、彼らに感謝しています。

ハイネマン出版社の編集者であるヒラリー・ブリード・ヴァン・ドゥーゼンの忍耐強さと熟練にも感謝の意を表したいと思います。彼女との間では、世界新記録になるのではないかというほど電子メールを交わしてきました。

最後に、妻のカレンに感謝したいと思います。彼女からはたくさんのことを学びました。私自身とプロジェクトに対する彼女の信頼に支えられて、時にうんざりするようなコンピューターでの執筆に立ち向かえましたし、積み重なった資料から的確な実例を探索し、理科を教えることの素晴らしさを本書に著すための努力を長時間にわたって続けることができました。彼女の励ましと手助けが『だれもが〈科学者〉になれる！』の刊行を実現してくれたことに対して、私はこれからもずっと彼女に感謝し続けるでしょう。

もくじ

第2部　火を見守る――年間を通して探究を支える　129

第6章　カリキュラムを使いこなす　133

子ども探究大会　207

だれもが〈科学者〉になれる!
——探究力を育む理科の授業

Charles R. Pearce
NURTURING INQUIRY
Real Science for the Elementary Classroom

Japanese translation rights arranged with Heinemann,
A division of Greenwood Publishing Group, Inc.
through Japan UNI Agency, Inc., Tokyo

はじめに

私は、子どもたちがなぜ科学（science）[1]が好きなのか、いつも不思議に思っていました。いったい、科学のどういうところが学校でやってみたいことにつながっているのでしょうか？　実験をすることなどが、学校という日常のなかで気晴らしになるために、子どもたちの関心をそそっていることは明らかです。では、子どもたちは、科学のどういうところを家でもやってみようと思うのでしょうか？　いったい何が、子どもたちを駆り立てるのでしょうか？

子どもたちは、遊んでいるときにいつも科学と出合っています。[2]ボールを弾ませる、凧を揚げる、昆虫を観察する、これらは自然の中で子どもたちが科学的になるという活動です。これらの活動は、遊びと勉強、家と学校というようにきっちりと分けることができるものでしょうか？

（1）　英語では、「科学」も「理科」も「science」です。著者は、その両義性を本書のなかで巧みに生かしています。

（2）　遊びと科学、ひいては遊びと学びの関係については、ピーター・グレイ著の『遊びが学びに欠かせないわけ』（築地書館）が参考になります。

そもそも、どうして子どもたちや私たちは、遊びと勉強のどちらかをしようと思ってしまうのでしょうか？

最近、小学校における理科コンクールの受賞者に対する賞金が廃止されたことを嘆いている人の話を聞きました。その人は、「動機づけはどうなるんでしょう。賞金がないのに、子どもたちは理科コンクールに出ようとするでしょうか？」と言っていました。報酬があるから子どもたちは科学をしているわけではない、ということが彼には信じられなかったのです。

砂浜にいる子どもたちは、監視員からトロフィーをもらおうと思って砂や波を調べているわけではありません。紙の皿の上でブドウを転がしたり、小川の岩の下をのぞき込んだりしている子どもたちは、その調査ぶりを評価する背広姿の大人のことを気にしていません。勝者と敗者を分けるために大人たちが提供している褒賞は、科学者をつくり出してはいないのです。

本質的に子どもたちは、「発見したい！」という根っからの志向によって科学することに動機づけられています。子どもたちは、未知のものに惹きつけられるのです。周りに広がっている世界は、解明し、解決すべき「不思議」そのものなのです。子どもたちは誰でも、どこにいても、探究しはじめることでしょう。いろいろ見たり考えたりすることで問いが生じ、発見がなされるでしょう。そうした行動が時には親や教師をいら立たせるわけですが、子どもがただ従順に座っていて、何もしないというほうが不自然なことなのです。すべての子どもは、さまざまな手段によって必死に何かを発見しようとしています。

生まれつきの探究心によって、私たちの種である人類は成功を遂げました。そして、すべての子どもが学校でうまく学べるように手助けするときに訴えかけるべきことは、子どもたちのこうした習性なのです。本書が描き出すストーリーの主人公である子どもたちは、誰も賞品をもらっていません。表彰リボンや賞状をもらおうなどとは誰も思っていないのです。彼らはただ、整った環境のなかで、何かを見つけだすための「時間」と「材料」、そして「機会」を与えられただけなのです。

「全米理科（科学）教育到達目標（national science standards）」[3]は、理科教育のための到達目標を数種類定めています。到達目標の第一は、「探究（inquiry）としての理科」です。探究は、教室の生徒たちを驚くべき力で平等にします。探究は自分の責任で自立的に行うのが当然のことだと考えるようになれば、いかなるレベルの生徒も輝くことができるのです。

（3） アメリカには、日本の学習指導要領のように教育課程の基準を国家として規定したものはなく、各州や地域の教育委員会がそれぞれの到達目標（「スタンダード」や「コア・カリキュラム」などと呼ばれています）を示しています。全米研究評議会が一九九六年に示した「理科の全国到達目標」では、理科の内容だけでなく、教授法、理科教員の専門性向上、教育評価、教育計画、教育体制という六つの領域における到達目標が提示されています（第6章一三九〜一四一ページ参照）。

学校の授業についていくのがやっとという生徒が、一緒に活動しているほかの生徒に、自分が発見し、学び取ったことを説明するといったことがしばしば起こります。すべての生徒が、なんらかの領域で才能をもっています。われわれ教師には、生徒が達成感と自尊心と表現欲をより強くもてるようになる機会を与えるという責任があります。理科教育における探究重視のアプローチによって、こうした目標を達成することができるのです。

私たちの誰もが、幼児のときに探究によって学びはじめました。そして、大人になってからも、探究によって学び続けています。本書は、教室にいる生徒に、こうした探究による学びの機会を与えることをテーマとして書かれたものです。

第1部

火をつける

――探究を軌道に乗せる

第1章 探究——次のフロンティア

すべての子どもは科学者です。子どもは科学者が考えるように考え、科学者が言うように話し、科学者がするように行動をします。子どもが触り、感じ、味わい、感じとり、調べ、扱うとき、そこではまさに科学が行われているのです。子どもは、周囲にあるものを利用して、できるかぎりのことを経験しようと必死になります。その結果、われわれが教えている生徒は、経験の豊かな背景と情報という膨大なデータベースをもっていることになります。子どもにとっては、赤ちゃん用の遊び場、砂場、地下室、部屋の隅、裏庭、運動場といったところは、びっくりするような発見がなされる実験室のようなものなのです。

私たちの種、すなわち人類は生来科学的なものです。約二〇〇万年もの間、われわれは観察し、分類し、計測し、データを収集し、予測し、伝達してきました。私たちの生存能力は、身体の大きさや強さよりも科学する能力、つまり環境についてできるだけ多くのことを知り、集めた情報を適応や創造、そして繁栄のために用いる能力によって育まれているのです。

そうだとすれば、科学を教えることを天職としている教師はなんと素晴らしい存在なのでしょうか。学校の教師は、これまでの人生において自発的な調査と発見によって知識を得てきた経験豊かな科学者である生徒たちに、何を与えることができるのでしょうか？　いかにしてわれわれは、生徒の生来の好奇心を損ねることなく育むことができるのでしょうか？　生徒一人ひとりのなかにいる科学者の発達を強化するために、いかなる経験を与えることができるのでしょうか？

赤ちゃんのときから子どもは自ら学んでいます。行為を繰り返すことによって学んでいるのです。彼らは探索し、触れ、切り離し、聞き、調べ、推測し、かかわり、結びつけ、推定し、つくり、壊し、そして、結論を出します。疲れてやめるまで、あるいは我慢できなくなって怒り出した親にやめさせられるまで、それらの行為を続けるのです。教えられたわけではないのに、子どもは科学の方法を用いています。親たちができることは、せいぜいのところ、探索が野心的すぎてケガをすることがないように注意をすることだけです。

われわれは、子どもに学ぶことを強制したりはしません。遊びで行っていることには、押し付けられたものではない自発的な深い科学の学びがあります。科学（理科）は、すべての生徒が予習済みで学校に来られる「唯一の教科」であると言えるでしょう。しかしながら、学校における伝統的な教え方は、生徒が学校以外のところで学んでいる方法とはかけ離れたものとなっています。

教科書の順番に従って教えていき、各章末に掲載されている練習問題をするというのが理科の教え方として広く受け入れられるようになったのはそんなに昔のことではありません。こうしたアプローチは、整然としていて、よく管理されており、評価もしやすくできています（その評価が適当なものであるかどうかは疑わしいですが）。しかし、科学という営みが整然としていることはこれまで決してありませんでしたし、よく管理されたり、評価しやすかったりということも決してありませんでした。さらに言えば、学校以外のところで生徒が学ぶときには、整然と管理された仕方で学ぶことも決してありません。

教科書に則った授業はいくつかの点で欠点があります。そこでは、生徒はプロセスが抜かれた状態で事実を学び、自身の学び方を用いることが許されていません。理科教育は、もっと多くのものを含まなければならないのです。

理科の授業で教師が実験をしてみせること（演示）は、いつも面白いし、ワクワクさせるものです。演示では、科学の実験について教科書を読むのではなく、教師が科学的な捉え方を実証するために科学的な用具を使う現場に生徒は立ち会っています。

教科書に加えて行われる教師による演示は、教室の中で科学を活性化させます。教師にとっては、演示は整然としていてよく管理され、一つのまとまりをなしていますが、生徒にとっては面白さを教師が独り占めしている様子を見るだけという、もどかしさを感じてしまうものかもしれません。とにもかくにも、理科教育はもっと多くのことを含まなければなりません。

「ハンズオン（体験型・実地型）[1]」の理科は、理科教材を教師の机から生徒の机へと移しました。教育者の間にハンズオンという考え方が広まることによって生徒は、それまで教師専用だった多くのものに触れることができ、それらを扱い、間近に見ることができるようになりました。ハンズオンの理科は、周到に計画された指示と選別された教材が与えられるという点で、レシピが書かれた料理本的なアプローチを提供しています。

生徒を導くために、一連の活動を通じて、教師には段階を追った手順が与えられています。教科書や教師による演示ほど整然とはしていませんが、ハンズオンの学習活動はよく管理されており、正誤がはっきりとした「問い」と「解答」によって評価が比較的容易となっています（ハン

（1）（Hands-on）直訳すれば「手で触れる」という意味です。本で学ぶだけだったり、教師の演示実験を観察したりするだけでなく、生徒が実物に触れたり、実際に実験を行ったりしながら学ぶほうが科学的な理解やスキルの習得に効果があるという考えに基づく学習法です。その一方で、ハンズオンが、あらかじめ決められた手順や方法などに沿って活動を進めていくだけになり、生徒自身の思考が伴わない学習（本書一四四ページ参照）になってしまうという恐れがある点が課題とされています。

ズオン活動の指導案には、子どもたちがうまく真似ることが求められるモデルがあらかじめ示されています)。

理科の授業におけるハンズオン・アプローチは、理想的な指導法であるように見えるでしょう。教科書を読んだり、演示を見たりすることと比べると、ハンズオンの理科は、多くの教室により好ましい指導法に向けた改善をもたらしているように見えます。しかし、理科教育はもっと多くのものを含むべきではないでしょうか。

教室でのハンズオン・アプローチは、子どもが自ら学んでいる仕方とは、まだずいぶんかけ離れたものとなっています。砂場において子どもは、指示に従ったり、特定の活動をするための用具だけを使ったりすることはありません。あらかじめ決められた成果があって、そこに至るために正しい手順にならって行うといったこともありません。砂場にいる子どもは、他人がつくり出した指令などに制約されることはありません。砂を篩い終わったからといって、それを捨て去って二度と見ないようにするなどといったことは絶対にないのです。また、試験をするという点に至っては、理科学習の伝統的なハンズオン・アプローチは、子どもが自ら科学することからは**まったくかけ離れたものとなっています**。

おそらく、すべての教室において、最新の理科教科書は参照のための情報源として使えば有効なものでしょうし、教師が行う演示も、教材が十分になかったり、生徒が扱うには危険があったりする場合は有効でしょう。そして、もちろんハンズオンの理科も、生徒が教材を適切に使用し、予備知識を得るためには有効と言えます。

しかし、経験豊かな子ども科学者のクラスにとっては、調査し、発見したいという欲求を十分に満たすことを考えると、これらだけでは決して十分とは言えません。それでは、さらに与えられるべきものとはいったい何でしょうか?

子どものときは、誰もが探究のプロセスによって学んでいました。自ら問いを立て、解くべき問題をもっていました。それらの問いに答えるために実験し、調査していました。データを集め、成果を観察し、結論を引き出していました。それぞれの段階がどのように呼ばれているかについては知らないまま、科学的な方法を用いていたとも言えるでしょう。この探究アプローチをもち込むことが理科教育の次の局面なのです。

教室における探究科学(理科)によって教師は、教室に来ている生徒のあるがままの姿に出会うことができます。探究は、本物であることと自立をもたらします。また探究は、教科書や教師の演示、そしてハンズオンの活動を利用します。さらに言えば、このアプローチによって、生徒

(2)「子どもは生来科学者である」という冒頭の考え方が、こうした表現に表れています。このあとの記述にも、こうした表現(たとえば「生徒科学者」、「生徒著者」など)がしばしば出てきます。

は調査し、探索し、発見し、自らの問いや好奇心、関心に従うことに全力を尽くすという機会が得られるのです。

探究アプローチは整然とはしていませんし、よく管理もされていませんし、評価がしやすいわけでもありません。考えてみてください。科学そのものがそういうものなのです。探究アプローチによる理科教育（以下、「探究理科」と呼びます）は、子どもたちが生まれつきもっている科学的スキルを発展させ、継続できるようにするものなのです。

生来、子どもたちは探究によって学んできたわけですが、それに通じる経験をクラスで与えようと初めて考えたとき、私はいくつかの厄介な問題に直面しました。

・三〇人のクラスで、どのようにして本物の探究を行う環境をつくり出せるだろうか？
・探究理科のための教材をどこから入手できるだろうか？
・教材をうまく扱うことができるだろうか？
・こうした授業について、どのように説明責任を果たせるだろうか？
・学校で過ごす貴重な時間を有効に使えると保証することはできるだろうか？

これらの疑問とともに、いくつかの興味深い可能性も浮かんできました。

・この探究アプローチは、他の教科、とくに国語や算数でも有効なのではないか？

・このアプローチによって、学校外での探索がいつもそうであるように、学校でも生徒が自発的になるように手助けすることができるのではないか？

・理科での探究アプローチは、教室に科学者コミュニティーをつくり出すことになるのではないか？

教室で探究理科を実施することは決して容易なことではありません。生徒は、しばしば自由気ままな行動をとってしまいます。また、多くの生徒が、理科カリキュラムの作成者が想定しているよりもはるかに複雑な問いや発見に関心をもちます。あるグループがバクテリアの成長を調べているかと思えば、別のグループは耐震構造をもつ工作物をデザインしています。それ以外にも、論文を書いたり、調査のために文献を読んだり、コンピューターを使ったりしているグループもあります。

生徒は互いに学び合い、「子ども探究大会」で行う研究発表の準備をし、自分たちの発見を入念に記録します。こうしたすべての活動のために「情報」と「素材」と「時間」を提供することは、教師にとっては元気が出て、やりがいを感じる作業と言えます。探究理科の実践は、教師にとっても生徒にとっても忍耐を要しますが、双方ともその苦労は報われるのです。

探究サイクル（**資料1－1**参照）は、理科の探究アプローチにおける多くの要素のうち、いく

資料1－1　探究サイクル

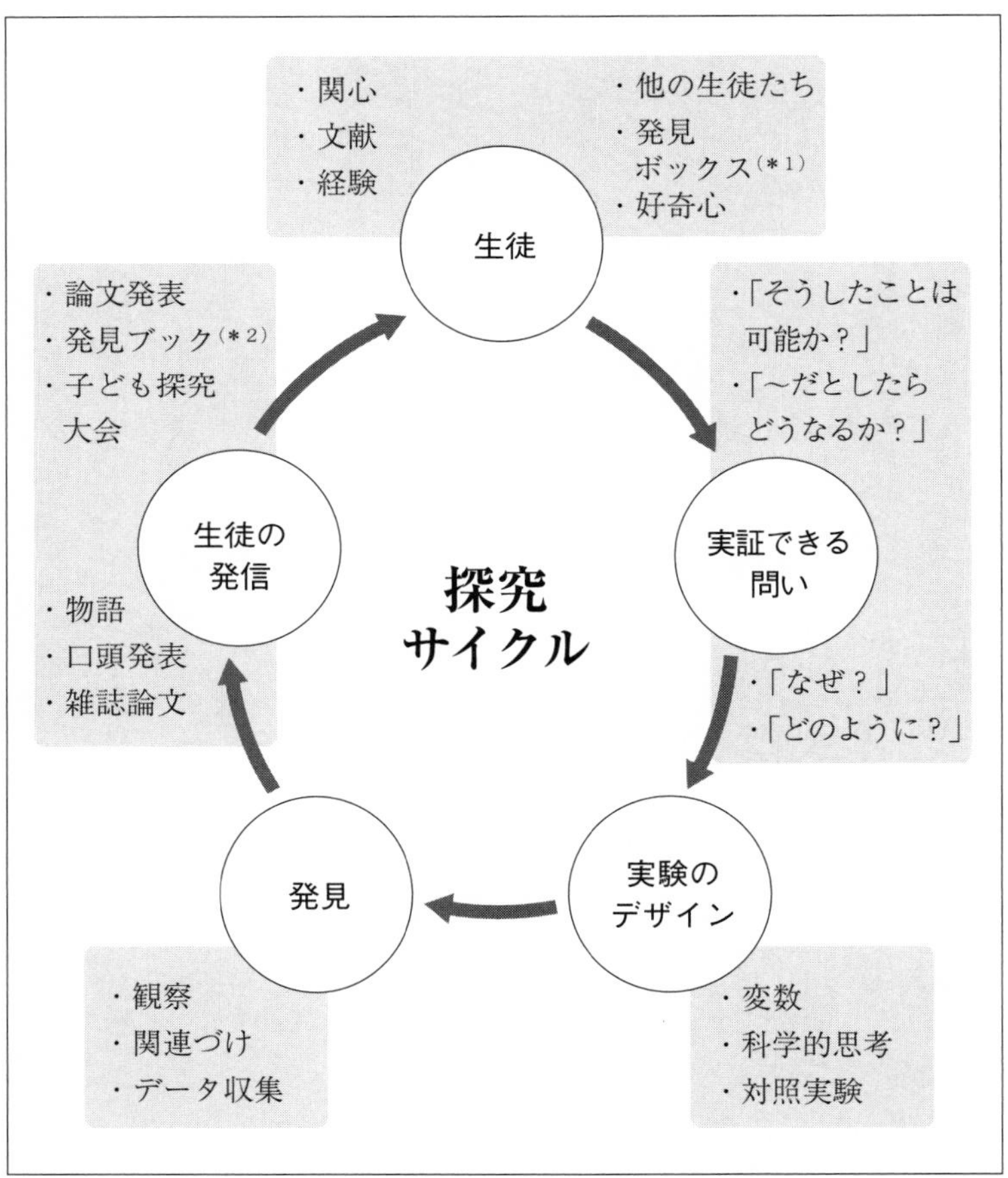

（＊1）発見ボックスとは、理科のテーマ、たとえば電気に関連するさまざまな素材(電池、電球、導線、スイッチなど)が入った箱のことを指しています。生徒は、箱の指示票に書かれた電気に関する問いや、その箱の中の素材を見て、独自に考えついた問いを、それらの素材を使って探究していきます（第4章参照）。

（＊2）発見ブックとは、生徒が自分たちの実験や観察によって発見したことをシートに記録し、それらをバインダーで集約して、クラス全員が自由に読めるようにしたもののことです（第4章参照）。

つかを概念図として表したものです。一連のプロセスは、生徒の関心、好奇心、経験からはじまります。調査における「問い」と「アイディア」は生徒から発します。そして、発見して記録したことを、科学者である生徒はさまざまなやり方でお互いに報告しあいます。探究サイクルでは、生徒の問いがより深まって螺旋的に最初の問いに戻る場合もありますし、生徒がはじめたことを発展させるように、あるいは新しい領域で成果を上げるように促すため、別の課題に導かれる場合もあります。

こうしたサイクルのすべてが、本物の科学的探究に通じています。探究サイクルは、子どもたちが科学についてどのように考え、どのように科学する（科学者が行うように行う）かを示しているとともに、科学者コミュニティー全般で何が起こっているかについても示しています。

本書の全体を通じて、あらゆる教室の日常的な活動のなかで、探究がどのようにして実現するのかを見ていきたいと思います。探究モデルの諸要素は、そのスキルがそれぞれの生徒のなかで成長するに従って、一つの要素が他の要素の土台のうえに形成されるという形、つまり螺旋状に結びついています。このモデルは、数年にわたる教室の進化を表しています。要するに、教室では探究モデルがたえず展開し続けているということです。このモデルは、さまざまな能力水準や関心をもつ生徒たちに深い学びをもたらします。

探究を教室に取り入れる際、唯一となる正しい方法があるわけではありません。生徒の探究に自立性を与える方法はいろいろあります。本書で示すのは、多様な能力や関心をもつ生徒たちのクラスで成功した、一つのモデルです。

探究理科を教室にもち込んだからといって、混乱につながるわけではありません。探究を扱いやすく有益なものとするためには、構造化された年間計画が設計され、実施されなければなりません。学年の初めをおざなりの活動ではじめるとクラスは管理しにくくなり、その後はかぎられた活動しかできなくなってしまいます。

生徒一人ひとりを科学者として信頼することとは、はっきりと規定された成果を求めることを意味します。したがって生徒は、科学者として振る舞うことが求められていると理解しなくてはなりません。すなわち、問いを設定し、探査する、公正な実証を企画する、データを収集して発見を明確に記録する、調査結果を互いに比較してそれらの間にあるパターンや関連を探る、自らの調査の妥当性とほかの生徒の調査の妥当性を評価するといった一連の活動が求められることになります。

以下の章では、生徒が学年の最初の日から探究し、最後の日まで探究し続けるように指導するために手助けとなる中心的な考え方と具体的アイディアについて述べていきます。

探究実践例――火星に生命は存在するのか？

一九九七年七月四日、アメリカの火星探査機「マーズ・パスファインダー」が赤い惑星に着地しました。探査機が設定を整え、写真やデータを地球に送りはじめたとき、世界中の人々はその成果に驚嘆し、プロジェクトにかかわった科学者は誇らしげに振る舞いました。火星についての疑問がいくつか解決されるとともに、たくさんの新しい「問い」が立てられるようになりました。

火星から送られてくるデータから分かった発見の一つは、探査機が降り立った火星の表面にはかつて大量の水が存在したという事実です。この証拠から、火星はかつて地球ときわめて似ており、いまだに多くの共通した特徴を有していることが明らかになったと言えます。もし、そうだとしたら、「数十億年前、火星上に生命が存在したのではないか？」と科学者は問うことができます。そして、もし火星に生命が存在したとしたら、それを実証するような痕跡はどのような形態で残っているのでしょうか？

こうした問いは、五年前に開催されたある科学の研究大会で発表された内容を思い起こさせます。そこで、二人の科学者は驚くべき仮説を提示しました。彼らは侵食模型をつくって調査したところ、彼らの模型における干上がった川床と火星表面の写真との間に著しい類似性があることに気づいたのです。それらの写真は、太古に川があった証拠となりうるのではないかと彼らは考えました。

科学者たちは、岩石についても調査しました。堆積岩が水の存在を前提とすることを彼らは知っていました。そして、もし化石があるのなら、堆積岩の層の中に埋め込まれていることも知っていました。

二人の科学者は、もし火星に行き、三角州か干上がった川床に着陸したなら、堆積岩が見つかるだろうと推測しました。そして、「もし火星に生命がいたとするなら、その痕跡はそれらの岩石層の中に隠されている」と彼らは述べました。

実は、これらの報告をした科学者は、「子ども探究大会」で発表した五年生の生徒たちです。当時は、一九七〇年代半ばの火星探査機「バイキング」からのデータに基づいて、火星には生命は存在しなかったと考えられていました。しかし、彼らが発表した五年後に「マーズ・パスファインダー」が火星の**太古の川床**(かわどこ)に着陸し、装備されたカメラが**堆積岩らしい岩石**を映し出していたのです。

これらの岩石にどのような秘密が隠されているのか、誰が知っているでしょうか？　火星の光景が地球に送られてきたことによって、二人の科学者の調査と仮説が新しい意味を帯びてきたわけです。

二人の火星研究者であるジャスティンとＰ・Ｊは、途方もないアイディアにたどりついたごく普通の五年生でした。彼らは、科学的に考え、データを分析し、可能性を予想する自らの能力を信じていたのです。ジャスティンとＰ・Ｊは、まさに科学者でした。

第2章　さあ、はじめよう！

探究を教室ではじめる様子は、キャンプファイアの薪を組み立てるのに似ています。つまり、慎重さと忍耐が必要なのです。言うまでもなく、キャンプファイアをするためには計画が必要となります。さまざまな大きさの材木を集め、たきつけを用意し、小さな炎が燃え続け、燃え広がるようにたきつけや材木をうまく組んでいかなければなりません。うまく組めれば、キャンプファイアはひとりでに燃え続けるようになります。

これと同じく、探究の目的は、生徒が最終的に生涯の学び手として自立することです。しかし、キャンプファイアの場合と同様、最初のうちはかなりの努力が必要です。

調査と心構え

新学年の最初、教室には学ぼうとする心構えがそれぞれ違う生徒が集まっています。生徒たちがどのような心構えでいるかについてのデータを集めるために、私はアンケート調査を行っています。

そのアンケートの一例が**資料2-1**です。生徒たちの心構えは重要です。生徒がどのように感じているかを知ることは、学年の最初に何をするのかを決める際の手助けとなるでしょう。それに加えて、ここで調査しておくことはのちの変化や成長を知るために役立ちます。

アンケートのような形式に沿った調査手段に加えて、ジャーナル(1)は重要な情報を与えてくれま

---

(1) ここで言う「ジャーナル」とは、聞き慣れない言葉だと思います。従来のノートは、教師が黒板に書いたものを写すのが中心なのに対して、ジャーナルは、生徒が考えたことや観察したことや気づいたこと、疑問、感想、さらには感情的なことまで書き出しておくことを目的としたノートのことです。これらすべてが学びに重要だからです。あとで出てくるクラスメイトや教師とやり取りする対話型のものも含めて、ジャーナルには多様なやり方があります。興味をもたれた方は、ウィルソン、ウィング・ジャン著の『増補版「考える力」はこうしてつける』(とくに第6章)をご覧ください。その後のアメリカでの実践を見ていると、「ジャーナル」よりも「科学者ノート」という名称を使っているようです。

資料２－１　生徒へのアンケート

名前 ＿＿＿＿＿＿＿＿＿＿＿＿＿＿＿＿＿＿＿＿

それぞれの項目を読んで、あてはまるものを丸で囲んでください。
SA：大いにそう思う　A：そう思う　D：そうは思わない
SD：まったくそうは思わない　N：特に意見はない

1.	学ぶことはたいくつである	SA　A　D　SD　N
2.	教科書を読んだり問題を解いたりすることで、もっともよく学べる。	SA　A　D　SD　N
3.	学ぶとき、自分がどう考えたかについて考えることが重要である。	SA　A　D　SD　N
4.	これから何を学ぶかについて自分で選ぶことによって、より多く学べる。	SA　A　D　SD　N
5.	学んでいることについて仲間と話し合うことで、理解が深まる。	SA　A　D　SD　N
6.	グループで作業したりアイディアを共有したりすることで、より多く学べる。	SA　A　D　SD　N
7.	自分が立てた問いの答えを発見することはおもしろい。	SA　A　D　SD　N
8.	学習を評価するもっともよい方法は、先生がテストをすることである。	SA　A　D　SD　N
9.	先生は私のジャーナルを読むことによって、学習を評価できる。	SA　A　D　SD　N
10.	自分が発見したことについて話し合いたい。	SA　A　D　SD　N
11.	自分がおもしろいと思ったことについて解明することが、学ぶことである。	SA　A　D　SD　N
12.	理科を学ぶことは、科学者になりたい子どもにとってだけ重要である。	SA　A　D　SD　N
13.	自分は科学者である。	SA　A　D　SD　N
14.	科学絵本を読むのが好きである。	SA　A　D　SD　N
15.	科学者は問いを立てる。	SA　A　D　SD　N

16. 理科の教科書は、科学について学ぶためにもっとも良い読みものである。 SA A D SD N
17. 科学者は、新しい問いを立てる前に、古い問いに答えられなくてはならない。 SA A D SD N
18. することよりも読むことによって、より多くを学ぶことができる。 SA A D SD N
19. 自分自身が発見した事実は、ほかの人が教えてくれた事実よりもよりしっかりと記憶される。 SA A D SD N
20. 読むこと、算数、社会科はどれも理科の一部をなしている。 SA A D SD N
21. 実際のところ、科学とは何だろうか。

(書くところが足りないときは、裏面を使ってもよいです。)

す。生徒がこれまでの科学的な経験について書いているのを見て、教師は徐々に、生徒の関心、経験、いら立ち、達成感に通じていくようになります。

科学者は何をしているのか?

ここ数年私は、新学年がはじまって一週間の時点で、「科学者は何をしているのか?」という問いを生徒に投げかけています。生徒はテーブルごとに五、六人で座り、科学者がしていることをリストに書いていくという作業を静かに三分間行いました。一部の生徒はテーブルごとの競争だと思ったようですが、そうではありません。時間の経過とともに私は、ある生徒はリストに新しい内容を付け加えられないでほかのメンバーに紙を回しているのに対して、もっと付け加えたくて待つ時間も惜しいという生徒がいることに気づきました。

制限時間が過ぎると私はリストを集め、混ぜ合わせたうえで、クラス全員に対して読み上げました。「あるグループは、科学者は実験をすると書いています」と、私は話しはじめました。「彼らは、科学者は何かを発見し、混ぜ合わせ、問いを立て、調査し、文献を読み、書きものをするとも書いています。科学者がしていることについての素晴らしいリストですね」

私は、リストの山から別のリストを取り上げ、もう一度それぞれの項目をみんなの前で読み上げました。「何かを発見し、問いに答え、表をつくり、データを列挙し……」、突然、私は読むことをやめました。

「ちょっと待って」と、私は言いました。「おかしいな。こうしたことは、**きみたち**みんながやっていることじゃないかな。リストの初めに戻って聞いてみましょう。きみたちのうち、科学者がしていることをやっている人がいたら手を挙げてくださいね」

私はもう一度リストを読み上げました。「何かを発見しようとする」と読むと多くの手が挙がりました。「問いを立てる」にも、同じく多くの手が挙がりました。「本を読む」、「表をつくる」、「何かを調査する」などについても手が挙がりました。

ちょっと困惑したように、私は「おもしろい」と言いました。「きみたちは、私の指示を誤解したんじゃないかな。私は、**きみたち**がしていることをリストにして、と言ったわけではありません。**科学者**がしていることをリストにしてもらいたかったんです」

「でも……」と、何人かが言いはじめましたが、「別のリストを見てみましょう」と私はそれを遮(さえぎ)りました。

「科学者がやっていることで、きみたちがしているものがあったら手を挙げて。グループで作業すること、探索すること、観察すること、調査すること、研究すること」

教室中の至る所から手が挙がりました。

「明らかに、きみたちは私の指示をよく聞いていませんでしたね」と冗談めかして、私は不満そうに言いました。今や、数人の生徒が我慢できないようでした。

「でも、ピアス先生」と、一人の生徒が抗議しました。「ぼくたちは、科学者がしているのと同じように、そうしたことをしているんです」

「そうだよ！」と、さらに声が上がりました。

「ちょっと待って」と、新しい考え方を模索するかのようにして私は言いました。「では、きみたちは、すべての科学者は子どもであると言いたいのかな」

「違います！」と、大騒ぎになりました。

そこで私は、手を挙げて発言が許されることをじっと待っていた小さな少女を指名しました。

「すべての科学者が子どもというわけではありません」と言って、彼女は微笑みました。「でも」

と、彼女はきわめて真剣な声で再び言いました。「すべての子どもは科学者なのです。だって、私たちは科学者がしていることと同じことをしているんですもの」

すべての生徒がうなずいていました。このクラスは、新学年で初めてとなる発見をしたのでした。おそらく、この事実は、生徒にとってもっとも重要なことの一つとなるでしょう。生徒の一人ひとりが、もちろん私がすでに知っていること、つまり子どもはみんな科学者であるということを何とか私に納得させようとしていたのです。そのとき生徒は、一生懸命に科学をしていたのであり、明らかに今後もそのようにすることでしょう。言うまでもなく、私にその邪魔をすることはできません。

かつて私は、科学する能力は人間独自のものだと思っていました。われわれは生まれながらの科学者です。われわれは好奇心旺盛で、探索し、問いを立て、調べます。われわれは、科学者のすることのリストに挙げられたすべてのことをしています。しかし、動物が科学的でないという見方には疑問の余地があるかもしれません。

「子どもはみんな科学者である」ということを生徒たちが私に納得させたあと、私はジーン・クレイグヘッド・ジョージ(2)がカラスについて書いた実話の物語を読み聞かせたくなりました。そのカラスは「クロウバー」という名前で、ジーンの子どもたちが小さいときに彼女の家で飼っていたものです。

クロウバーは、実際に近所の子どもたちと一緒に遊んでいました。ある日、クロウバーは、子どもたちがしているように滑り台を滑ってみようとしました。しかし、滑れないことが分かりました。台を滑るときに、自分の足が邪魔になるのです。クロウバーは周りを見回すと、砂場にあったコーヒー缶のプラスチックの蓋を見つけ、それを滑り台まで運んできました。そして、それに乗ってうまく滑り降りることができたのです。この事実は、動物が科学する例となるのではないでしょうか。おそらく、なるでしょう！

生徒は、クロウバーが科学者であるかどうかを考えるとき、彼ら自身の生活のなかでの科学のあり方についても同じように考えることになります。「クロウバーは科学者か？」と問うとき生徒は、科学するということは本当のところどういうことなのか、科学者であるとはどういうことなのかについてクリティカル(3)に探っているのです。

（2）（Jean Craighead George, 1919～2012）ペンシルバニア大を卒業後、「ワシントンポスト社」に勤務。出産後、自然のなかで動物たちと生活するようになり、作家生活に入りました。著作は一〇〇冊以上に上り、『狼とくらした少女ジュリー』で一九七三年に「ニューベリー賞」を受賞しています。

（3）「クリティカル」は一般的に「批判的」と訳されますが、それの占める割合は、「クリティカル」の意味のうちせいぜい三分の一から四分の一でしかありません。より多くを占めているのは、「大切なことを見極めること」や、その逆の「大切ではないことを排除すること」です。

議論が進むにつれ、生徒はまさに自分たちが科学者であるということにより深く気づくようになります。「科学者は何をしているのか?」と問うてみると、科学者がすることの多くを生徒もしていることが分かります。

クエスチョン・ボード

教師が生徒を科学者として認め、信頼することによって、生徒自身、自分が科学的な素養をもっていると思えるようになります。科学者は問いを立てます。本に書いてある問いに、単に答えるだけではありません。

新学年の最初の日から、教室の一角にクエスチョン・ボードを設置します。クエスチョン・ボードとはホワイトボードの掲示板であり、生徒がマーカーを使ってそこに思いついた「問い」を書くようにします。クラスでの話し合い、自発的な読書や課題読書、そしてクラス活動は素晴らしい「問い」を引き出します。教師が答えるだけの時間がないとき、あまりにも多くのことに答えすぎないようにしたいとき、単に答えを知らないときなどに、生徒たちはクエスチョン・ボードに自分の名前と一緒に「問い」を書きつけます。

自由時間には数人の生徒たちがクエスチョン・ボードの周りに集まって、「問い」を書き加えたり、ほかの生徒の「問い」を読んだりしている姿をよく見かけます。

三、四週間経つと、何人かの生徒がボランティアでクエスチョン・ボードの「問い」を書き出してプリントにしてくれます。それによって、クラス全員がクエスチョン・ボードに書かれた「問い」の一覧をもつようになります。クエスチョン・ボードは、一年を通じて探究のプロセスにおいて不可欠なものとなります。

問い──探究の核心

キャンプファイアで焚き火を燃やすときは、マッチが炎の源です。探究理科の場合、問いが探究過程を発火させます。そして、問いは多くの源から生じます。基本的に問いには、調べて分かる（読んで解答を見いだす）ものと、実証できるものという二種類があります。

調べて分かる問いとは、学校でよく問われるものです。生徒たちは、本やウェブなどの二次的な情報源を用いて答えるように求められています。たとえば、「太陽の表面の温度は何度か？」といった問いがあったとすると、生徒の知識ではとても答えられないでしょう。この問いに答えるためには、ほかの情報源を頼ることになります。

一方、実証できる問いとは、生徒が直接観察することによってか、実験装置の変数部分を操作することによって答えることができます。たとえば、「お湯と水では、どちらがより早く蒸発するか？」といった問いは実証可能なものです。生徒はほかの情報源に頼らなくても、実験を行うことによってこの問いに答えることができます。

もちろん、「調べて分かる問い」と「実証できる問い」の違いがあいまいな場合もあります。ある生徒が、「適当な用具が使えるのなら、どんな問いも実証できるものになる」と言っていたことを私は思い出します。おそらく、それは正しいでしょう。大事なことは、実際に生徒の力で解答が見いだせるように、調べて分かる問いと実証できる問いの区別ができるように手助けすることです。

調べて分かる問いと実証できる問いを分けることは、教室における共通語彙を増やすことになりますし、のちに行われる探究の基盤ともなります。子どもたちは、クエスチョン・ボードをざっと見て、どれが実証できる問いであり、どれがそうでないのかを判別することを楽しんでいます。実証できる問いと判別されたもののなかから探究テーマが出てくるのです。

すでに実証できる問いを子どもたちが立ててきていることを示すために、私たちは年度の最初の週か第二週に「問い探し」という活動を行っています。見慣れないものが入った籠がテーブルに置かれます。籠の中のものは、生徒にとって馴染みのないものであれば何でも構いません。私がこれまでに入れたものには、奇妙な形の貝殻、電気器具の部品、種子、おもしろい形の岩石、分解された機械の部品、道具などがあります。

生徒は、籠の中のものから一つを選んで、それをじっくりと観察します。そして、ワークシート（**資料2-2**）を完成させます。まず、そのものの名前、状態の記述、外観のスケッチが書き込まれます。

たいていは名前が分からないので、自分たちで考えた名前で構いません。次に、シートの左側の欄に、それに関する問いをできるだけたくさん挙げます。そして、右側の欄には、その答えが得られそうな情報源を列挙するのです。

それから、クラスで話し合います。数人の生徒が選んだものを示し、いくつかの問いと解答のための情報源について読み上げます。情報源としては、本、専門家、教師、両親、ウェブサイトなどが挙げられるでしょう。

そんななか、**何かをする**ことによって問いに対する答えを見つける、という生徒が必ずいるものです。そうした生徒の問いは、もちろん実証できる問いとなります。クラスのみんなで一緒に、どれが実証できる問いであるかを決めるだけでなく、そうした問いに答えるためにどのような種類の実験や調査を行ったらいいかについても考えます。

低学年の生徒は、「実証できる問いを立てなさい」と言われると、しばしば「私は息で大きな泡をつくることができるか？」や「私は高い塔を積み上げることができるか？」のように、「私

資料２－２　問い探し

名前 ＿＿＿＿＿＿＿＿＿＿＿＿＿＿＿＿＿＿＿＿

自分が調べてみたいものを選んでください。それは何ですか（自分がつけた名前でもよい）。＿＿＿＿＿＿＿＿＿＿＿＿＿＿＿＿

あなたが選んだものについて記述してください。

＿＿＿＿＿＿＿＿＿＿＿＿＿＿＿＿＿＿＿＿＿＿＿＿＿＿＿＿

＿＿＿＿＿＿＿＿＿＿＿＿＿＿＿＿＿＿＿＿＿＿＿＿＿＿＿＿

＿＿＿＿＿＿＿＿＿＿＿＿＿＿＿＿＿＿＿＿＿＿＿＿＿＿＿＿

＿＿＿＿＿＿＿＿＿＿＿＿＿＿＿＿＿＿＿＿＿＿＿＿＿＿＿＿

＿＿＿＿＿＿＿＿＿＿＿＿＿＿＿＿＿＿＿＿＿＿＿＿＿＿＿＿

＿＿＿＿＿＿＿＿＿＿＿＿＿＿＿＿＿＿＿＿＿＿＿＿＿＿＿＿

あなたが選んだものをスケッチしましょう。何であるかを示すために、スケッチの中に説明のための短い言葉を書き入れてもいいです。

あなたが選んだものについて、あなたが思いつくことができる問いをできるだけ多くあげてください。	あなたが立てた問いに対する答えを見つけるための方法を箇条書きで示してください。

は～ができるか?」という形で問いをつくります。こうした問いは、偉大な第一歩ではありますが、よりねらいがはっきりした探究になるように、私はそうした問い方や言葉遣いの面でも生徒を道案内したいと思っています。

先の二つの問いを例にすれば、教師の反応はまず「**どのくらいの**大きさの泡がつくれる?」とか「**どのくらいの**高さの塔が積み上げられる?」というようになるでしょう。早い段階から量を示すように促すことは、のちのち、生徒にとっても大きな助けとなります。

問いにおける言葉遣いを教えることも[4]、同様に重要なことになります。大きな泡を膨らませることについて、単に「できるか、できないか」を問うよりも、「Aの方法とBの方法とを**比べると**、どちらがもっとも大きい泡をつくれるだろうか?」といったような問い方を生徒たちにすすめるほうがよいでしょう。

こうした問い方は、生徒が実験を構想するなかで「変数の要素[5]」について考える手助けとなり

(4) ほんの少し言葉遣いを変えることで、考え出された問いが「開いた質問(答えが限定されない質問)」にも、「閉じた質問(答えが限定された質問)」にもなります。また、探究のための問いづくりの観点において、ロススタイン、サンタナ著の『たった一つを変えるだけ』(新評論)が参考になります。

(5) 「変数の要素」とは、この場合で言えば、「Aの方法」と「Bの方法」における違いを指しています。つまり、泡の材料などは同じで、泡をつくる方法だけが「違いの部分」=「変数の要素」ということになります。

ます。実証できる問いの立て方を学ぶ際に参考となるミニ・レッスンとして、私は「実証しやすい問いの立て方」というワークシート（**資料2－3**）を使っています。それによって、生徒と一緒に実証できる問いにするためのさまざまな方法を念入りに調べることで、生徒一人ひとりが今後問いを立てる際のモデルを示すことが可能となります。(6)

新学年の最初は、教室にいる科学者たちについて発見する時期です。クラスでの話し合いとジャーナルでのやり取りに加えて、生徒は**資料2－4**に示した「理科で学んだことについての問い」といったような調査を行います。

この調査は、生徒がこれまで学んできた理科の学習項目について改めて考え、それらの項目を学んだときには疑問に思っていたものの追究するだけの時間がなかった問いを列挙する機会となります。それはまた、知りたいことや試してみたいことについて、生徒自身が考えてみる手段にもなります。以前に学んだことを少し振り返ってみることは、探究を成長させるためにきわめて重要なことです。

---

(6) 一言でいえば「短時間の指導」のことですが、これは著者がこの本を書く際に影響を受けたライティング・ワークショップとリーディング・ワークショップの三つの核となる教師の生徒との接し方のうちの一つです。ほかの二つ（「ひたすら書く・読む」と「振り返り」）およびこのきわめて効果的な教え方について知りたい方は、「作家の時間、オススメ図書紹介」で検索していただくと関連図書が見られます。

資料２－３　実証しやすい問いの立て方

実証しやすい問いの立て方

名前 ＿＿＿＿＿＿＿＿＿＿＿＿＿＿＿＿＿＿＿＿＿＿＿＿

私たちはこれまで自分たちの問いを「　　　　」というように書いてきました。これらの問いに、あなたは「　　　　」することなどによって答えることができます。問いの表現の仕方によって、もっとおもしろい探究になっていくことがあります。

「私は～できるか？」という問いではなく、「～することは可能か？」という問いにしてみましょう。

・汚染された水をきれいにすることは可能か？
・水の中でもくっつく接着剤をつくることは可能か？
・塩水を使って植物を育てることは可能か？
・あなた自身の問いの一つをこの形にしてみましょう。
　　「　　　　　　　　　　　　　　　　　　　　」

比較する問いを使ってみましょう。

・「　　」と「　　」とを比べると、どちらが「　　　　」か？
・ヒマワリと動物の脂肪とを比べると、どちらが多くの鳥をひきつけるか？
・Ｃの電池とＤの電池を比べると、どちらが電球をより明るくするか、あるいは、どちらがより長く光らせるか？
・大根の種と牧草の種を比べると、どちらがより早く成長するか？
・あなた自身の問いの一つをこの形にしてみましょう。
　　「　　　　　　　　　　　　　　　　　　　　」

「～したら、どうなるだろうか？」という問いを使ってみましょう。

・植木鉢に種を植えて、その鉢を暗い納戸に置いておいたらどうなるだろうか？
・酢と重曹を一緒に風船の中に入れたらどうなるだろうか？
・石油を、海水と同じ成分の液体の中に入れたらどうなるだろうか？

・あなた自身の問いの一つをこの形にしてみましょう。

「　　　　　　　　　　　　　　　　　　　　　」

「どのようにして〜できるか？」という問いを使ってみましょう。

・どのようにして山の模型で侵食を予防することができるか？
・どのようにして300グラムのものを乗せられるボートをつくることができるか？
・どのようにしてテラリウム(＊1)を健全な状態に保つことができるか？
・あなた自身の問いの一つをこの形にしてみましょう。

「　　　　　　　　　　　　　　　　　　　　　」

別の種類の問いについては、「〜とはどのようなものか？」という問いを使ってみましょう。

・ミールワーム(＊2)の一生はどのようなものか？
・オオカバマダラ(＊3)の成長段階とはどのようなものか？
・風船をふくらませるのにもっとも有効な方法とはどのようなものか？
・あなた自身の問いの一つをこの形にしてみましょう。

「　　　　　　　　　　　　　　　　　　　　　」

探究に連なる他の問い方としては、次のような言い方があります。

・もし、私が〜したとしたら、どのように〜できただろうか？
・どのようにすれば〜をよりよくすることができるか？
・もし〜したら、何が起こるだろうか？
・私が〜できたらと想像してみましょう。

（＊１）小動物や植物を栽培して観察するためのガラス製容器です。

（＊２）「ミルワーム」とも言います。ゴミムシダマシという昆虫の幼虫で、爬虫類、熱帯魚、ハムスターなどの飼育動物の生餌として利用されており、ペットショップでも売っています。本書では、探究の対象として取り上げられています（第４章、第９章を参照）。

（＊３）主に北アメリカと、南アメリカ北部に生息する蝶の一種。北アメリカでは、渡り鳥のように渡りをする蝶としてよく知られています。

資料２－４　理科で学んだことについての問い(*)

名前 ＿＿＿＿＿＿＿＿＿＿＿＿＿＿＿＿＿＿＿＿

　あなたが学校でこれまでに学んだ理科の学習項目について考えて、以下の問いに答えてください。

1．これまでに学んだ理科の学習項目の一つは「　　　　　　　」です。
　それと関連して、あなたが今でも知りたいと思っていることについて、実証できる問いを二つか三つ書いてください。

2．これまでに学んだもう一つの学習項目は「　　　　　　　」です。
　それと関連して、「～したら、どうなるだろうか？」という問いを二つか三つ書いてください。

3．学んだことをよく覚えている理科の学習項目は「　　　　　　　」です。
　それと関連して、してみたかったのにできなかったことについて、してみたいことを二つか三つ書いてください。

4．もう一つ、よく覚えているのは「　　　　　　　」です。
（その学習項目を学ぶときに、あなたが使った教材について考えてみてください。それらの教材のどれかをもう一度使うとしたら、どれを選んで、どのようにそれらを使いますか。）
　私は、教材のなかの「　　　　　　　」を使いたいと思います。そして、それによって、私はこんなことをしてみたいです：

（紙面が足りなければ、裏を使ってもいいです。）

（*）この資料と似た実践が、この本を参考にしながら探究理科教育に取り組んでいる理科教師のブログで紹介されています。そのブログで「質問づくり」を検索すると、理科での質問づくりの様子を見ることができます。
http://ikubodaisuke.blog.fc2.com/blog-entry-40.html　をQRコード化して紹介する。

初期の読みもの

生徒自身の探究によって発見が導かれるためには、実証できる問いが重要です。そして、それと同じくらいに、二次的な情報源もきわめて重要となります。どのような問いであろうと、問いを立てるためにはある程度の知識がなければなりません。種子が何であるかをまったく知らない生徒が、種子についての問いを立てることはできないでしょう。

教室に本を取り揃えることは、若い科学者たちが「探究」という船出において必要となる事前の知識をもたらすことになるでしょう。生徒に本を選ばせると、理科の教科書はほとんど手に取りません。生徒が関心をもち、惹きつけられるのは、科学についての一般書（科学読みもの）[7]なのです。写真が豊富にあって、ページ数の少ない科学の本は理想的な情報源です。その多くは低学年向けとされていますが、高学年の生徒もそこから価値のある情報を見いだすことでしょう。私たちは、そうした科学読みものを一番手に取りやすい上段に置き、「おすすめの本」と呼んでいます。

おすすめの本のなかには、シーモア・シーメン（Seymour Simon）、ポール・シャワーズ（Paul Showers）、アリキ・ブランデンバーグ（Aliki Brandenberg）、フランクリン・ブランリー

(Franklyn M. Branley) などの本があります。彼らが著した本は、すべて非常に面白いし、たくさんの写真や図表が含まれています。それらの本のなかには、学校の図書館から借りたものや、ほかの教師たちと共有しているものも含まれています。

また、おすすめの本は、「ひたすら読む」時間[8]や生徒による書評、図書委員会が主催するブック・トーク、また、それらよりも以前から行われている課題読書などに使われています。

私の目標は、生徒が本になじみ、読書を楽しみ、最終的には、読書をしたことによって実証できる問いを考えるようになることです。メルヴィン・バーガー (Melvin Berger) の『細菌が病気を引き起こす』(未邦訳) を読んだ生徒は、「どんな細菌が病気を引き起こすのか」を知りたくなりました。また、フランクリン・ブランリーの『太陽系の惑星』(未邦訳) を読んだ別の生徒は、「一週間に何回、惑星を見ることができるのか」という疑問をもちました。

学期始めの数週間、私はおすすめの本から何冊かを選んで「読み聞かせ」を行っています。クラスで読み聞かせをするとき、私は適宜中断し、読んだ内容を自分なりに理解する過程を話すと

---

(7) 巻末の「科学読みものの紹介」で、日本におけるすぐれた科学読みものや科学絵本を数多く紹介していますので参考にしてください。

(8) 「自分で選んだ本を静かに読んで過ごす時間」のことを指しています。「個別読書」、「個別自由読書」、「一人読み」とも言われます。

いう「考え聞かせ[9]」も行っています。そして、読んだときに浮かんだ疑問を言葉にします。時には、生徒が見ている前で、クエスチョン・ボードまでわざわざ行って「問い」を書いたりすることもあります。

ある日、私はバーバラ・ブレナー（Barbara Brenner）の『蛇が好きな少年の日記』（未邦訳）を読んでいました。両親を説得して、自分で捕まえたヘビを飼っている少年の物語です。彼の小さな弟は、新しい籠の中でヘビが寂しそうにしていると思い、彼のペットであるカエルをヘビの友だちにしようと籠に入れました。もちろん、カエルはいなくなってしまいました。

「ヘビやカエルはいったい何を食べるのだろう」と、私は疑問を口にしました。そして、「ヘビはカエルを食べるんだろうか？」と尋ねました。「もしそうなら、ヘビはどのようにしてカエルを捕まえるのか？　カエルはすごく素早いじゃないか。遠くまでジャンプできるし」

クラスの誰かが私に、それをクエスチョン・ボードに書いたらどうかとすすめたので、私はすぐにそうしました。こうしたことのすべてが、読み、考え、問いをつくり出し、記録するという、探究に向かう段階を踏まえていくように生徒を促すことになります。

生徒が自らの問いに基づいた探究に携わると、彼らは語るべき物語と共有したくなる発見をもつようになります。学年初期に、私のクラスでは「子ども探究大会論文集」に掲載された論文を利用しています。それらの論文は、先輩となる生徒が自らの探究と発見について子ども探究大会での発表をまとめたものです。この子ども探究大会論文集は、論文のモデルとともに、先輩たちが自らの問いに対する答えを探し求めた過程を提供してくれています。

それらを読んで現在の生徒は、クリティカルな読み手として、「子ども探究大会論文評価表」（**資料2－5参照**）を使って、読んだ論文について評価をするのです。評価表に則って評価することによって、生徒は質の高い論文の特徴について考えるようになります。こうした活動は、学年の最後に自らが子ども探究大会での発表についての論文を書くときに役立つことになります。また、子ども探究大会論文集を教材として用いることによって、私が生徒を科学者として、また論文著者として見ていることを生徒に伝えることもできます。

これらの学年初期の活動は、生徒自身が問うことの価値と探究過程の価値とをはっきり自覚するようになるために重要なものです。しかし、キャンプファイアの焚き火に点火して燃え続けるようにするためには、私たちはまだまだ手をかけなくてはなりません。そうすることによって、探究の第一期にとりかかれるのです。

（9）「考え聞かせ（think aloud）」は、本を読み聞かせながら、時々、読み手がその文章から考えたことを言って聞かせることで、熟練した読み手が本を読むときにどのような思考をめぐらせているかを生徒たちに伝えるのにきわめて効果的な手法です。興味をもたれた方には、吉田新一郎著『読み聞かせは魔法！』（明治図書）の第3章が参考になります。

資料２－５　子ども探究大会論文評価表

名前 ________________________________

「子ども探究大会論文集」に掲載されているすぐれた論文は、いくつかの章に区分されています。それぞれの章では、著者による問いの設定、探究、発見について書かれています。
「子ども探究大会論文集」のなかから論文を１本選んで、読んだうえで以下の問いに答えてください。

論文のタイトル ________________________________

著者 ____________________　製作年 ________________

１．著者は探究のテーマについて説明していますか？　はい・いいえ
あなたが読んだ論文のテーマは何ですか？

____

____

著者は、なぜそのテーマを選んだかについて説明していますか？
はい・いいえ

２．著者は、解決しようとする問いとして、的確な問いを立てていますか？
はい・いいえ
そこで解決されている問いは何ですか？

____

____

３．著者はテーマに関する背景的知識を述べていますか？
はい・いいえ
（「背景的知識」とは、探究されるテーマについてのさまざまな情報のことです。そうした情報は、そのテーマについて多くのことを語っている本やほかの論文などから得ることができます。）

４．著者は、問いに答えるために自分がしたことについて的確に説明していますか？
はい・いいえ

（著者は、読者が同じ実験ができるように、探究過程のいくつかの段階を明確に記述しなくてはなりません。）
著者は問いに答えるために何をしましたか？

第一に、＿＿＿＿＿＿＿＿＿＿＿＿＿＿＿＿＿＿＿＿

＿＿＿＿＿＿＿＿＿＿＿＿＿＿＿＿＿＿＿＿＿＿＿＿

＿＿＿＿＿＿＿＿＿＿＿＿＿＿＿＿＿＿＿＿＿＿＿＿

次に、＿＿＿＿＿＿＿＿＿＿＿＿＿＿＿＿＿＿＿＿＿

＿＿＿＿＿＿＿＿＿＿＿＿＿＿＿＿＿＿＿＿＿＿＿＿

＿＿＿＿＿＿＿＿＿＿＿＿＿＿＿＿＿＿＿＿＿＿＿＿

それから、＿＿＿＿＿＿＿＿＿＿＿＿＿＿＿＿＿＿＿

＿＿＿＿＿＿＿＿＿＿＿＿＿＿＿＿＿＿＿＿＿＿＿＿

＿＿＿＿＿＿＿＿＿＿＿＿＿＿＿＿＿＿＿＿＿＿＿＿

5．探究の間に、著者はどんな事実を発見しましたか。（少なくとも三つは挙げてみましょう。）

6．著者は、次年度以降の生徒がしてみたいと思うようなアイディアを示していますか？　はい・いいえ
　裏面に、著者が自分より下の学年の生徒に対して、してみてはどうかと提案していることを書いてください。

上の答えに基づいて、著者はどの程度うまく論文を書いているかを評価してください。
評価結果を、A、B、C、D、Eのいずれかに○をして表してください。
そして、裏面にその評価の理由を書いてください。

評価表の問いに答えてくれて、ありがとう。

探究実践例――最初の日の発見

新学年の初日でも、探究をはじめるのに決して早すぎるということはありません。決まった答えがなくて単純なものが、生徒を科学に対する興奮へと惹きつけるために理想的と言えます。

数年前に行った授業で私は、生徒に、「テーブルの上の入れ物から四つの白いビーズを取り、一五センチの紐を切り取るように」と言いました。ハサミと定規は入れ物のそばに置いてあります（この準備作業のなかで、クラスの生徒が長さを測ったり、正確に切ったりするのを見ることによって、一人ひとりのこうした能力の違いについて多くのことが学べます）。生徒はビーズを紐に通し、紐の両端を結び、一日中、それぞれのビーズを観察するのです。

「それだけですか？」と、ある生徒が尋ねました。

「じっくり観察するんだよ」と、私は答えました。

最初の日にいつもするさまざまな活動とともに、時間が経っていきました。多くの生徒が、ビーズのことを忘れていました。窓辺に座っていたジョーが、突然、興奮気味に手を挙げてクラスのみんなにこう言いました。

「ビーズを振ると、色が変わるよ！」

彼は紐を揺らして、ビーズを前後に振り続けました。たしかに、白のビーズが紫、ピンク、黄色に変わっていました！　ほかのみんなもジョーと同じようにビーズを振りました。教室中でビーズがぶつかって、カチカチと鳴っていました。

「本当だ！」と、ジョーの近くの誰かが言いました。「ビーズを振ると、ビーズが変化するんだ」

ジョーの周りのみんながうなずいて、ジョーの発見を称えました。

「でも、私のはそうならないよ」

教室の廊下側で一生懸命ビーズを振っていた生徒が嘆きました。

「見て、私のは白いままだよ」

たくさん振って、ようやく一部の生徒のビーズの色が変わって歓声が上がりましたが、そのような成果を得られなかった生徒はがっかりしていました。私は、「ビーズはみんな同じなのだから、根気よくやりなさい」と諭(さと)しました。

やがてビーズのことは放っておかれ、ほかのことに生徒の関心が移りました。ビーズについての真実が発見されたのは、昼食後の昼休みのときでした。生徒のビーズは、普通のビーズではなかったのです。また、ビーズの色が変わったのは、振ったからではなかったのです。

屋外で生徒は面白い発見をしました。手の中に握られていたビーズは白いままだったのに対して、太陽の光にあたったビーズはさまざまな色に変わったのです。それに加えて、日光のなかで振ったものと振らなかったもの、日陰で振ったものと振らなかったものとを比較する実験によって、振って動かすことはビーズに何の影響も及ぼさないことが明らかになりました。

「ビーズの色に変化をもたらしたものは太陽だったんです」と、生徒は私に言いました。その後、生徒は屋内に戻って、教室の照明でも同じ効果があるのかどうかについて知りたがりました。

私が生徒に与えたのは、紫外線に反応するビーズでした。[10] そのビーズは紫外線にあたると色が変わるのです。ジョーがビーズを振っていた机のそばの窓からは太陽の光が差し込んでいました。そのためにジョーは面白い発見をして、その発見を多くの生徒が受け入れたのです。

しかし、そのあとに多くのデータが収集され、それまでは正しいと思われていたことが理にかなっていないということを生徒は学びました。生徒は、最初の日の重要なレッスンにおいて、教師から学んだのではなく互いに学び合ったのです。

その後の数週間は、そのビーズを使って無数の問いと実験が途切れることなく続きました。

ある生徒たちは、紫外線が水中のどのくらいの深さまで達するかを調べるために、プールで実験をしました。別の生徒たちは、さまざまなサングラスがどのくらい紫外線を遮るかを試しました。また彼らは、ビーズにさまざまな強度の日焼け止めを塗ったりもしました。

私の初めの目標は、生徒に問いを立てるようにさせることでした。しかし、彼らはそれをするだけでなく、もっと多くのことを行ったのです。

(10) 日本でも「UVチェックビーズ」として入手できます。

第3章

初期の探究期間

学年の最初、私は生徒とともに、みんながそれぞれ科学者であることを確認しました。自分たちは科学者なのだから、自分たちの問いには価値があり、問いはこれから行われる探究への道を開いてくれることになります。初めて取り組むことになる探究プロセスの全体を通じて心がける目標は、以下の四点で生徒を支援することです。

❶実証できる問いを立てる。
❷それらの問いに答える探究を進める。
❸探究を通じて発見する。
❹発見した事柄をクラスの仲間と共有する。

最初の段階は、これらの目標に向けて努力する期間となります。綿密な計画が必要とされる探究学習ですが、計画を立てる際には各生徒のその時点における実態に応じるようにすることが大切です。そのために私は、学年の始めに生徒それぞれの力量や要望を把握しておくようにしています。それによって、クラスのみんなが柔軟に学べる学習活動をデザインすることができます。

私が何をしても熱心に参加しようとする生徒がいるのに対して、あまりやる気のない生徒や内気な生徒は、私が**お膳立てしたことだけしか行いません**。この探究における最初の期間では、生徒がしたり、言ったりすることを観察し、生徒の問いや好奇心が彼らを探究に誘っていく様子をつぶさに見ることによって探究学習計画の一部が修正されることもあります。

最初の探究期間は、各生徒のニーズにどのように働きかけたらいいか見当をつけるために役立ちます。この期間では、教室のいくつかのコーナーで理科のいろいろな「ハンズオン活動」（一一～一三ページ参照）が行われます。それぞれの活動は、たくさんの問いを引き出し、生徒がもっている知識を刺激し、新しいテーマや活動、あるいはなじみのあるテーマや活動に生徒を惹きつけるようにデザインされています。この探究期間は、以後の、より自立的で生徒中心の探究サイクルに向かうための出発点となります。

この探究期間の初めに、私は教室内にあるいくつかの「活動エリア（テーマ毎のコーナー）」

を設けて生徒に紹介します。生徒は、自分が選んだテーマに関して思いついた実証できる問いを「対話ジャーナル」[1]に書き込むように促されます。生徒が書いたこれらの問いが探究の出発点となります。生徒はこの最初の問いに必ずしも答えなくてもよいのですが、これらの問いを立てることによって生徒それぞれが発見のための枠組みをもつことになりますので、誰も教師に「何をしたらいいのですか?」とは尋ねなくなるのです。最初の問いは、「どのくらいの高さまで塔を積み上げることができるか?」といった単純なものですが、どの領域でも、科学的探究を推進しているのはこれらと同じような種類の問いなのです。

教室での活動エリアの選択はさまざまで、活動テーマとしては、磁石、斜面と転がるもの、ボート模型、シャボン玉、顕微鏡、工作などがあります。以前の学年で学んだものから選ぶ生徒もいれば、新しいテーマを選ぶ生徒もいます。それぞれのエリアには、教師が指示する課題とともに、多様なオープンエンドな可能性も提供されています。この探究初期の段階で私は、教師による指示といった面に見られるような伝統的なアプローチから、このあとの段階で行われる、より自立的な探究へと移行していくための足場づくりをしています。

以下では、それぞれのエリアに貼ってある指示書の例[2]とともに、いくつかの活動を紹介していきます。カリキュラム上での既習項目についての指導書を見れば、ほかにもいろいろとアイディアを思いつくことでしょう。必要な素材は、近くの戸棚に隠れているかもしれません。

磁石

このエリアでは、ドーナツ型、棒型、U字型など、入手できるさまざまな種類の磁石が置かれています。磁石とともに、磁性のあるもの、磁性のないものが、クリップ、ナット、ボルト、コイン、鍵など多種類取り揃えられています。磁石に反応するオモチャの小さなコンパスも二つあります。以前に学んだ仕方で磁石を使うだけでなく、学んだときに疑問に思ったことを確かめるような使い方を、生徒に試みさせるのがねらいとなっています。指示書には、いくつかのアイディアや問いの例が書かれています

それらのアイディアや問いは単純です。磁石をあまり扱ったことのない生徒のために書かれていますが、使った経験がある生徒にとっても十分に手ごたえのあるものとなっています。（**資料3－1**参照）。

この活動では、生徒が書くことはありません。探究過程におけるこの早い段階では、子どもた

（1）第2章の「訳注1」で説明したように、従来のノートと違って、生徒が自分の問い、観察、実験、気づきなどを書くものを著者は「ジャーナル」と呼んでいます。「対話ジャーナル」とは、そうしたジャーナルのなかでも、主に生徒同士、時には生徒と教師の間で行われる対話形式のやり取りのことです。

（2）指導すべき項目について、どのように指導するかの「指導案」などが示されているものです。

資料3－1　磁石の指示書

磁石
いろいろな磁石を調べてみよう。 ・どの磁石がもっとも強力だと思いますか？ ・どうしたら、そのことが分かるでしょうか？ 磁石でクリップを持ち上げてみよう。 ・一つの磁石で何個のクリップを持ち上げられるでしょうか？ 二つの磁石を一緒にしてみよう。 ・二つの磁石で何個のクリップを持ち上げられるでしょうか？ さあ、試してみよう。 ・三つでは、どうなるでしょうか？ 二つ以上のドーナツ型の磁石の穴に鉛筆を通してみよう。 ・どうなるでしょうか？ あなたが思いつくアイディアをいろいろ試してみよう。

ちに、まず熱中して取り組み、興味をもってほしいと思うからです。紙に記録するのはもっとあとの段階となります。

模型ボートづくり

模型ボートづくりというテーマは、小さいころにお風呂場で模型ボートを使って遊んだときまでさかのぼります。低学年のクラスで行う「浮かぶか／沈むか」セットを用いた授業は生徒を飽きさせることはありませんし、浮力実験はすべての学年の生徒が興味を示すものです。

この活動は、かなり広範な可能性を

もっていると言えます。さまざまな素材を使って生徒は独自の模型ボートをデザインし、実際につくってから、それに積荷を載せてみるように言われます。自由に探究することによって、生徒は素材について学び、どのようにしてそれらを浮かばせることができるのかについて学ぶのです。

自由探究の挑戦課題は、生徒がすでに知っていることを利用するという点で、ルールと特定の指針を用いた競技に似ているところがあります。模型ボートづくりの素材としては、平鉢（新品の子猫用のトイレ皿が好適）、粘土、アルミホイル、ストロー、アイスキャンデーの棒、ゴムのバンド、小さく切ったスポンジ、積荷（釣りの重り、コイン、クリップ、ビー玉など）などがあります。この指示書は、**資料3－2**や**資料3－3**のようなものとなるでしょう。

「浮かぶか／沈むか」の活動は低学年用の時間つぶしのように見えますが、科学者である生徒の手にかかると洗練された探究の機会となるのです。今年の授業では、アールはスポンジをアルミホイルで包もうとしました。

「こうすることで、スポンジに水が染み込まないようになるよ。そうすれば、ぼくのボートにもっとたくさんの荷物が積めるよ」と、彼は言いました。

模型ボートづくりに挑戦するとき、生徒はすでに習ったこと（または、すでに知っていること）を利用するように促されます。ボートづくりに関してさらなる挑戦をするための指示書の例は**資料3－3**に示しました。このあと紹介する「栄誉の殿堂」の例は**資料3－4**をご覧ください。

資料３－２　模型ボートづくりの指示書

1．アルミホイルや粘土、またはほかの材料を使った
　ボートをデザインしてみよう。

2．あなたがつくったボートが
　どれくらいよく浮くか試してみよう。

3．ボートに積む積荷を選んでください。
　釣りの重り、ビー玉、コインなどが使えます。

4．ボートのどこに、どのように積荷が積めるか考えてみよう。
　積荷を載せたボートを試しに浮かべてみよう。

5．積荷をもっと積めるようにデザインをやり直し、
　もう一度ボートを浮かべてみよう。

6．ここまでで学び取ったことを、
　次の挑戦で使ってみたくなることでしょう。

幸運を祈ります。

資料３－３　模型ボートづくりでの挑戦の指示書

1．６本のストロー、６本のアイスキャンデー棒、
　６本の輪ゴムだけを使ってボートをつくりましょう。

2．あなたのボートはどれだけの積荷を運ぶことができるかを
　調べてみよう。積荷の重さを測りましょう。

3．あなたの名前を、「模型ボートづくり　栄誉の殿堂」に
　書きましょう。積荷の重さも書いてください。

資料３－４　模型ボートづくり「栄誉の殿堂」

（６本のストロー、６本のアイスキャンデー棒、６本の輪ゴム）
あなたのボートに積めた積荷の重さ（あるいは積荷の数）
下の欄に名前を書いてください。

名前	日付	積荷の重さ（数）

おめでとう！

別の種類における挑戦の例としては、粘土でつくったボートがあります。そこでは、生徒は二五グラムの粘土で船体をつくり、さまざまな量の積荷をボートに載せてみます。アルミホイルによる挑戦もしたことがあります。一五センチ四方のアルミホイルだけでボートをつくるのです。

このように条件を課された挑戦による探究は、生徒にさまざまな学習機会をもたらします。ある活動をすると き、生徒は別の活動から学んだことを直ちに応用するようになるでしょう。こうした活動では、「探究」と「発見」と「技術」が一つにつながりはじめているのです！

資料３－４に示されているような「栄誉の殿堂」という記録シートは、いろいろな活動で達成されたことを生徒が記録する一つの方法です。「栄誉の殿堂」の書式は、多くの生徒が名前を記入することができるように比較的簡単なものにしたほうがよいでしょう。

すでに成果を上げた生徒がまず記録を記入し、すべての生徒に「栄誉の殿堂」に名前を書き入れてくれるように呼びかけます。ほかの生徒は、彼らの活動記録を見ることによって、自分たちよりも前にどんなことが、どのようになされたかを見ることができます。「栄誉の殿堂」は、競争心をあおるよりも、生徒間のコミュニケーションと連携の手段として機能します。コミュニケーションと連携は、教室における科学者コミュニティーの育成にとっては、今後きわめて重要なものになります。

斜面と転がるもの

このエリアは、制約のないオープンエンドの活動を提供しています。生徒は斜面をつくり、ビー玉、スーパーボール、ピンポン玉などをその斜面に置いて床まで転がしてみるのです。斜面の材料は、トイレットペーパー、ペーパータオル、ギフト用ラップなどが巻かれているボール紙の芯を縦に半分に切ったものなどです。それらの巻き芯の端を画鋲やマスキング・テープで壁に貼り付けて、さまざまな形の斜面をつくります。

ここでの課題としては、斜面の最上部でボールが転がされてから床に着くまでにどのくらい時間がかかるかをストップウォッチで測るというものがあります。時間が長いほうがよいということにして、生徒は転がる時間が長くなるように斜面の形状を変えることを楽しむのです。それによって、その因果関係をきわめてはっきりした形で理解します。また、生徒の工作技能やトラブルへの対応力、問題解決力の程度を興味深い形で観察することができます。

他の活動例

工作のエリアは、もう一つの素晴らしいテーマを提供しています。工作のために、爪楊枝(つまようじ)と小さなマシュマロという定番の素材を使いました。ちなみに、爪楊枝と豆でやってみたこともあります(豆は袋入りの乾燥したものを買い、ひと晩水に浸けておきます。工作中に豆が乾燥して収縮し、爪楊枝で締め付けることによって構築物の枠組みがより安定します)。また、ストローとクリップもよい素材と言えます。九〇度に曲げたクリップをストローの端に押し込めば、ストローの台座になるでしょう。

こうした素材は、塔や橋などの模型をつくり上げるときによく用いられています。課題は、小さなコーヒー缶に砂を詰めて五〇〇グラムから一五〇〇グラムにした重りを、その模型が支えられるようにつくることです。

生徒は、爪楊枝と豆、あるいは爪楊枝とマシュマロでつくった模型が、テーブルから高さ八センチのところで五〇〇グラムの重りを支えられるように工夫します。あるいは、ストローとクリップでつくった模型で、テーブルから高さ一三センチのところで一五〇〇グラムの重りを支えるようにします。普通、こうした作業はグループで行われます。成功したチームは、さまざまな部門の「栄誉の殿堂」に自分たちの名前を書き加えることになります。

デジタル計器があれば、きわめて有用な、測定をテーマとしたエリアがつくれます。私たちは比較的安いものを使っています。生徒たちはデジタル計器を用いて、コインの重さが違うことを発見しました。古いコインは、新しいコインよりもわずかに軽かったのです。

また、生徒たちは、ペーパータオルが乾燥する際に蒸発した水分量も発見しました。ボートづくりの生徒も、積荷の重さを測るためにデジタル計器を使っていました。私たちが使用しているデジタル計器は一〇〇分の一グラム単位で測ることができますので、葉や種子、そして昆虫の重さを測るときにも使っています。微妙な重さの違いを測る活動からは、無数の問いが生じるのです。

長きにわたって、シャボン玉は探究活動において好まれてきたテーマです。問いは、シャボン玉の成分に向けられます（石鹸の種類と成分の割合、グリセリンや酢や砂糖の使用など）。いろいろな器具を使うことによってさまざまなシャボン玉をつくることができます。生徒は、シャボン玉の大きさや持続する時間、そしてシャボン玉の移動距離などに驚きます。こうした探究初期の間、私は生徒に「実験」と「比較」という二つの問題解決方法を提示します。問題解決の方法やシャボン玉をつくる器具について話し合うために、言うまでもなく多くの情報源が与えられています。

既習事項のカリキュラム指導書をざっと見てみることによって、さまざまなアイディアが浮かぶこともあるでしょう。探究に必要な素材が、近くの戸棚に隠れているかもしれません。

「探究の時間」(3)に、教師は生徒のグループを訪ねて回ります。そのとき私は、彼らがしている会話を聞いて楽しんでいます。生徒たちが考え、問い、振り返っているのです。この時間を通じて、それぞれの生徒について多くのことが学べます。彼らは、自分たちがしていることを説明することができるでしょうか？　計画を立てているでしょうか？　どのような点を面白いと思っているのでしょうか？

この時間は、一人で活動している生徒とおしゃべりをするよい機会にもなります。そうした生徒は、グループから外れてしまったと感じていて、誰かと一緒に活動したいと思っている場合も

---

(3)「探究の時間」とは、教師は教えないで、生徒が自発的に探究する時間のことです。四一ページで「ひたすら読む」時間（リーディング・ワークショップが推進している学習）が紹介されていましたが、「探究の時間」は、「ひたすら探究する時間」であり、「ひたすら読む」時間の探究理科版ということができます。本文の以下に書いてあるように、この時間に教師は机の間を回って、個々の生徒たちからの質問や相談にこたえます。

ありますし、自分が好きなプロジェクトに絞って集中し、一人で活動している場合もあります。観察者である教師の役割は、その生徒の話を聞き、求められたときに助言し、何かほかに必要な素材があったらそれを調達することなどです。

探究授業の準備と運営の仕方

私たちのクラスでは、教師が設定した枠組みで進められるこれらの探究活動を、生徒自身が探究を進化させて行うようになる前の活動として位置づけています。この前段階の期間でも、私は生徒に特定の活動を課したり、割り当てたりはしていません。生徒がそれぞれのエリアに行って、自分たちで自由にグループを形成するほうがうまくいくものです。もちろん、グループ活動の展開によっては、教師の管理や指示によって軌道修正をする必要が生じる場合もあります。

教師によっては、一週間単位で探究期間を区切り、週ごとに一つのテーマを行うといった、少し異なったアプローチをとる教師もいます。たとえば、ある水曜日の午後に磁石が登場し、別の水曜日の午後には「浮かぶか／沈むか」を中心に行うといった具合です。

こうしたアプローチでは、いろいろな素材を同時に集めておく必要はありません。しかし、その週に探究される特定の素材をたくさん揃えておかなければなりません。生徒の年齢と気質を考慮して、どちらの方法がより効果的かを判断することになるわけですが、正しいアプローチと間違ったアプローチがあるわけではないということを忘れないでください。探究授業の成否を測るものは、問いを立てて探究するための刺激的な素材と機会を生徒に提供することができるかどうかということだけです。

素材の調達

探究の素材は、多種多様なところから集めることができます。カリキュラムに関連した素材は、学校の物置によくあるものです。部屋の奥や忘れられた戸棚に、隠されるように置かれていて、使われないままの（しばしば、そういうモノがあること自体が知られていない）モノが多いことには驚かされます。それらのモノを注文した教師や管理職が学校を去ったために、倉庫に置かれたままになってしまうのです。そうしたガラクタに見えるもののなかから、多くの教師が有用なモノを見つけ出しています。

中学校と高校が、余分なモノや廃棄処分したモノを、しばしば地域の小学校に送ってきてくれます。生徒たちの保護者も、活動で使えるモノの供給源となります。保護者にいろいろな日用品の寄付を募る手紙を出すと、多くの収穫が得られるものです。

もう一つの供給源は、地域の（あるいは、地域外の遠方の）商店や企業です。商店や企業は、廃棄予定のモノやデッドストック（売れ残り在庫品）となっているモノなどを、広告目的ではなく学校に提供してくれます。なかには、商品として販売しているモノでも、教師や学校に寄付してくれる商店もあります。私が知っている国際的なある企業では、「すべての教師の要望に応える」という方針をとっていました。

地域の病院も、同じくさまざまなモノを提供してくれるでしょう。病院は、使用期限が過ぎていたり、シールが取れていたりするために、試験管やマーカー、プラスチックのピペット、目盛りがついた医療用カップなどを処分しなければなりません。もちろん、これらのモノは未使用であり、教室で使う分には新品と同じく役立ちます。

このように、さまざまな産業に対する厳格な規定によって、未使用でありながら完璧な製品を無料で入手することができるのです。地域の商店や企業に提供物を募るという仕事を、保護者がボランティアで担ってくれることは素晴らしいことです。そのおかげで教師は、次の探究期間の計画を立てることに、より多くの時間を割くことができるのです。

生徒による記録

　生徒は、科学者として問いを立て、調査し、探究することだけでなく、記録することも求められます。探究初期では、記録作業は探究の進行を妨げないように制限されています。しかし、観察結果や発見を何らかの形で共有したり、書き記したりすることは、活動に真剣な雰囲気をつくり出すためには必要です。探究学習は遊んでいるように見えます（しばしば、そのように感じられもします）が、実際はそうではないのです。

「探究の時間」のはじめに、生徒はいくつかの実証できる問いを書き記します。それらの問いが追究され、答えられるかどうかを見届けるという瞬間は興味深いものとなります。時には大変な作業になる後片づけですが、それが終わったとき教室は一気に静かになり、みんな席に着いて活動を振り返っています。生徒はみんな、自分が成し遂げたことについて語るだけの物語をもっており、自らの探究について語りたくてしょうがないのです。

「ボートについての問いを書きました」と、ジャスティンが言いました。「高い側壁のボートのほうが低い側壁のボートよりも、より多くの積荷が運べるかどうかを知りたいと思ったのです」

「どんなことを発見した？」と、私は尋ねました。

「はい、高い側壁のボートはより多くの積荷を運べますが、積荷がないときは横転しやすいです」

誰かが、「どのようにしてそれが分かったのか？」と尋ねました。ジャスティンは、彼のアルミホイル製のボートのつくり方を説明し、実物を見せました。彼の船は、沈むまでに三〇〇グラム以上の積荷を積むことができました。一方、低い側壁の船にはそれほど重い積荷を積むことができませんでした。

ヘザーは、爪楊枝とマシュマロを使った実験について同級生に語りました。

「三角形の構造は、四角形の構造よりも強いと聞いたことがあります」と、彼女は報告しました。

「ほかの人たちが四角形の構造で苦労しているのを見て私は、三角形の構造で試してみたら、うまくいったようです」

「次は、どんなことを試してみたい？」と、私は尋ねました。

「豆とストローのような素材の場合でも、三角形の構造がよりすぐれているかどうかを調べてみたいです」と、彼女は答えました。

指示書などにおいて課題として与えられた活動が、生徒たちの思考や想像力が発揮されるように拡張していく様子には常にワクワクさせられます。探究というキャンプファイアの炎がしっかりと点火し、勢いを増していく様子を見ると、それまでの教師のあらゆる努力が報われるような思いがします。

第4章 発見ボックス

探究理科のクラスにおいて、「活動エリア」に続く次の構成要素は「発見ボックス」です。探究初期と発見ボックスを使う時期との違いは微妙なものです。生徒にとって、発見ボックスはより広いテーマを提供することになります。ある生徒が、「学年の始めでは**科学ごっこ**をしていたが、今では**本物の科学**をしている」と言っていました。

違いがどのようなものであれ、発見ボックスは探究を螺旋状に進行させていきます。発見ボックスは、より多くの選択肢を与えるとともに、より多くの読書と記録を探究活動に組み込んでいくのです。

発見ボックスというアイディアは、小学校理科の統合プロジェクトに参加した夏に思いついたものです。「全米科学財団」[1]の資金を得たそのプロジェクトでは、合科型の学びと教室での探究の考え方について、さまざまな実践例を通じて教師たちによって検討されました。

ある日の活動において、私たちは少人数のグループに分けられました。私たちのグループには、あらゆる種類の素材であふれた「沈むか／浮かぶか」教材セットの活用が課されました。二年生と三年生がそのセットによる活動をうまくできるかどうかを実際に試してみて、その結果をより大きなグループに報告することになっていました。たくさんの面白い素材に加えて、そのセットには活動の段階ごとの指示が書かれたカードの束も入っていました。それらの指示に従って、活動がどのように進展していくかを記録することになりました。

一時間後に私たちは、より大きなグループに対して活動結果を報告するように求められました。しかし、一時間経っても、私たちは最初の活動すらやり終えていなかったのです。

「時間内にできたことは……」と、私たちは報告しました。「素材をセットの箱から出して、『沈むか／浮かぶか』の実験に使うことだけでした」

その間に私たちのなかで交わされた問いは、活動カードに書かれていたものよりもはるかに面白いものでした。与えられた課題はやり遂げられませんでしたが、私たちは活動の途中でいくつかの興味深い発見をしていたのです。

のちに私たちのグループは、その一時間に私たちがやっていたことは、同僚たちから見ればとても課題に取り組んでいるようには見えないものだということに気づきました。しかし、その一時間に私たちが「成し遂げた」ことは、カードの指示に従うといった単純なものではありませんでした。そして、そこでなされた発見は私たち自身のものでした。その日の午後に私たちが明らかにした真の発見は、科学は必ずしも指示に従ってするものではない、ということでした。

・生徒に似たような教材セットを与える際、従うべき指示、すなわち活動カードの束をなくしたらどうなるだろうか？
・生徒が実証できる問いを自分自身でつくり出すのを、私たちはいかにして手助けできるだろうか？
・生徒は、自らの問いをもとに探究を工夫できるだろうか？
・生徒の発見をほかの生徒が分かるように記録することを、私たちはいかにして励ますことができるだろうか？
・生徒も、私たちがしたようなワクワクする経験ができるだろうか？
・生徒がこうした過程を通じて伸ばした力を、私たちはどのように評価できるだろうか？

（1）（National Science Foundation : NSF）アメリカの科学・技術を振興する目的で一九五〇年に設立された連邦機関です。数学、コンピューター科学、社会科学といった分野まで含む「アメリカ国立衛生研究所（ＮＩＨ）」が管轄する幅広い科学・工学分野（医学は除く）に対して支援を行っています。

これらの問いは、すべて熟考を要する問いとなります。しかし、あの日の午後に思いついた可能性は、やがて私の教室で「発見ボックス」をつくり出すことにつながっていったのです。

私たちが最初に発見ボックスを思いついたときは、ハンズオンの理科学習活動の延長上にあるだけでなく、新しい目的地を指し示しているように見えました。しかし、今思うに、このボックスはハンズオンの理科学習活動と同じく、より高度の探究的思考や発見へと子どもたちを導く「螺旋状の進展」(2)の単なる一部分でしかありません。発見ボックスは、学年の始めの探究初期から、それに続くより洗練された探究への重要な過渡期を成すものなのです。

発見ボックスとは何か?

「ピアス先生、ピアス先生! これを見て! 磁石にくっつくもう一つの石を見つけました!」

「ピアス先生、私が発見した接着剤の入れ物が欲しいんですけど」

「ピアス先生、電池を三個使うと、電球はもっと明るくなるかな?」

発見ボックスの中には、発見すべき世界が入っています。典型的な発見ボックスには、特定のテーマに関連する素材が入っています。素材は、一定の活動を念頭に置いて集められています。ボックスの中身を生徒が工夫して使えるようになっていることが理想的です。ボックスには、そのテーマに関する一般向けの科学読みもの（数冊）や、表紙と記録用紙が入ったフォルダーも入っています。しかし、特定の活動を指示するものは入っていません。

たとえば、電気をテーマにした発見ボックスには、導線、電球、電池、電池ケース、小さなスイッチ、モーター、ブザーなどが入っています。アルミホイル、クリップ、風船なども定番として入っているでしょう。

生徒が電気について学んだことがあるのなら、ボックスの中にある多くのものを使うだけの予備知識をもっているはずです。以前学んだときに使った電気に関連するものが、電気についての基礎知識を思い起こさせるでしょう。念のために言いますが、電気の発見ボックスは電気について学んだことがなくても使えます。ボックスの中にあるいくつかの素材については、おそらく家庭や学校などで経験しているからです。

とはいえ、必ずしも生徒はすべての素材について予備的な経験をしているわけではありません。経験以外にも、子どもたちが情報を読み取ることができる別のルートがあります。科学読みものがその一つです。前述したように、電気の発見ボックスには電気に関する数冊の科学読みものが

（2）　探究全体が螺旋状に進展していく点については、**資料1－1**（一六ページ）に掲げられている「探究サイクル」の概念図を参照してください。

入っています。これらの本は、かつて電気について学んだ記憶を生徒たちが思い出し、そこで展開されているアイディアと示唆によって、新しい問いを引き起こすために役立ちます。さらにそれらの本は、探究理科で大切な文献とのつながりをもたらしてくれます。生徒が調査し、探究するとき、生徒は本を読む本来の目的に沿って本に引き込まれていきます。

電気の発見ボックスには、記録のための数種類の用紙がフォルダーに入っています。最初に使う記録用紙は、このボックスの中のものを使いはじめるときに名前を書き入れるものです。ボックスの表面に貼られたシート（**資料4-1**参照）には中に入っているものが書かれており、生徒に独自の問いを立てるように促しています。また、そこでは、独自の問いを考えつくのが難しい生徒に向けて、いくつかの問いが提供されています。

生徒たちは、科学的発見シート（**資料4-3**）に自分の問いや探究活動や発見を記録します。適切に記録されたシートによって、あとでそれを読む生徒は、その活動でどんなことがなされたかを知り、それを再現したり、出発点にしたりすることができます。

発見ボックスのテーマはカリキュラムから取ってくることもできます。その際に大事なことは、いったんある単元を教えてしまえば、そこで使った教材はすぐに仕舞ってもいいという考え方を改めることです。生徒が探究するためには時間が必要なのです。(3) とくに、彼らが多くの問いをもちながらも、調査する時間がほとんどなかったようなテーマについては時間が必要なのです。

資料４－１　発見ボックスについているカバーシートの例

科学的発見、電気の発見ボックス

この発見ボックスには次のような素材が入っています。

・電池（さまざまな大きさのもの、新しいもの、古いもの）
・電球とソケット　・導線　・スイッチ　・アルミホイル
・クリップ　・モーター　・風船　・ブザー　・毛糸

指示

1．自分で答えてみたい問いを考えよう。以下の問いから選んでもよいし、自分で思いついたものでもいいです。
2．ほかの科学者（生徒）が何を探究したかを知るために、ボックス内のフォルダーにある科学発見シートをいくつか読んでみよう。
3．あなた自身の科学発見シートを書きはじめよう。
4．あなたの探究にとりかかろう。
5．書きはじめた科学発見シートを完成させよう。
6．あなたが発見したことを発見ブック（90～93 ページ参照）に書き加えよう。

探究したくなるようないくつかの問い

・どの電池が電球を一番明るくするか？
・どの電池が一番長持ちするか？
・導線の回路にはどのような種類があるか？
・多くの電球を一つの電池につなげたらどうなるだろうか？
・多くの電池を一つの電球につなげたらどうなるだろうか？
・一つの電池で何個の電球をつけることができるか？
・水や塩水や着色された水は電気を通すか？

一番よい問いは、あなた自身のものであることを忘れないように！
好奇心と創造力をもって、楽しんで！

発見ボックスをどのように使うのか？

発見ボックスを導入する前に、いくつか予備的な作業をしておかなければなりません。**資料4－2**は、生徒がかつて学んだ理科のテーマについて考える手助けとなるように、生徒に答えてもらう調査シートです。調査シートに回答することによって生徒は実証できる問いを立て、自らの探究のために発見ボックスを使おうとするようになります。

発見ボックスを使う数日前に、どの発見ボックスを使いたいか生徒に書いてもらいます。ボックスを用いる活動に使えるスペースはあまり広くないので、それぞれのボックスを使える人数もかぎられているからです。

ボックスを選び終わったら、生徒は選んだテーマについてある程度の予備知識を得ておくために科学読みものやフォルダーを読むことになります。それらを「ひたすら読む」のは、作業にとりかかる一～二日前がちょうどよいでしょう。そのとき部屋はとても静かです。生徒たちは自分が選んだテーマに興味をもち、それに関連する科学読みものを熱心に読んでいます。フォルダーにざっと目を通して、先輩たちが何をしたかについて知るのは、生徒にとっては面白いことなのです。それによって先輩たちの名前を知ることにもなります。生徒は常にほかの生徒がしたことに興味があるようです。発見ボックスを使う前に本やフォルダーを読むことは、発見ボックスの素材を使って作業する際、追究すべき問いについてのアイディアを得るために役立ちます。

発見ボックスを使う前に、生徒は対話ジャーナルに自分がどの発見ボックスを使うかを書いておきます。最初のページには、日付と使う発見ボックス、そして自分が答えようとしている一つ以上の問いを書きます。ジャーナルのなかにあるこのページは、探究の時間やそのあとに気づいたことを記録しておくためにも使えます。のちに、生徒は発見ボックスを使って行ったことについて書くことになるでしょう。生徒がよく使う電気以外の発見ボックスについても、以下で説明します。

（3）授業時間というかぎられた時間を、何にどのように費やすかは大事な選択となります。理科教育においては、教師が教える時間は十分に確保されていても、理科（科学）の根幹である、生徒たちが問いを立てたり、それをもとに自発的に探究したりする時間はごくわずかしかないのではないでしょうか。授業時間の使い方を転換するところからスタートする必要があるように思います。教師中心から生徒中心への発想の転換を強く促しているのが、ライティング・ワークショップ、リーディング・ワークショップという、国語の読み書きにおける「ワークショップ」形式で行う教育・学習法です（フレッチャー、ポータルピ『ライティング・ワークショップ』、日本での実践版は、プロジェクト・ワークショップ『作家の時間』、とカルキンズ『リーディング・ワークショップ』、日本での実践版は、プロジェクト・ワークショップ『読書家の時間』などを参照してください。本書の探究理科実践は「ワークショップ」形式の理科教育と言えますから、右に挙げた本は大いに参考になると思います。

資料4－2　発見ボックスへの招待（調査シート）

名前 ＿＿＿＿＿＿＿＿＿＿＿＿＿＿＿＿＿＿

私たちのクラスはこれから発見ボックスを使います。発見ボックスによって、あなたは実証できる問いを立て、その答えを探究する機会が得られるでしょう。活動をはじめる前に、下の欄に書かれたテーマのリストを見てみましょう。それらのうちの多くについては、前の学年の理科で学んだかもしれません。リストをざっと見て、指示に従ってください。

テーマを＿＿個、選んでください。そして、あなたが探究したい、実証できる問いを一つ以上書いてください。

電気 ＿＿＿＿＿＿＿＿＿＿＿＿＿＿＿＿＿＿

ミールワーム ＿＿＿＿＿＿＿＿＿＿＿＿＿＿＿＿＿＿

飛行 ＿＿＿＿＿＿＿＿＿＿＿＿＿＿＿＿＿＿

工作（構造体づくり）＿＿＿＿＿＿＿＿＿＿＿＿＿＿＿＿＿＿

光と色 ＿＿＿＿＿＿＿＿＿＿＿＿＿＿＿＿＿＿

液体と固体 ＿＿＿＿＿＿＿＿＿＿＿＿＿＿＿＿＿＿

化学 ＿＿＿＿＿＿＿＿＿＿＿＿＿＿＿＿＿＿

磁石 ＿＿＿＿＿＿＿＿＿＿＿＿＿＿＿＿＿＿

シャボン玉 ＿＿＿＿＿＿＿＿＿＿＿＿＿＿＿＿＿＿

模型ボートづくり ＿＿＿＿＿＿＿＿＿＿＿＿＿＿＿＿＿＿

数日後、あなたたちは探究のための発見ボックスを使うことになります。それまでに、あなたが選んだテーマについて何冊かの本をざっと読んでおいてください。探究したいテーマについて、カバーシートに書いてある問い以外の問いも考えてみましょう。

液体と固体

この発見ボックスの中身を使って生徒は、食品着色料や砂糖や塩を水と混ぜることができます。酢とpH試験紙で酸性度を測ることもできます。コーヒーのフィルター、濾過器、リトマス試験紙、温度計、重曹、撹拌機、点眼器、小麦粉、さまざまな大きさの紙コップも入っています。電気の発見ボックスと同じようにカバーシート（内容物と指示と問いの例が書かれています）がフォルダーに入っています。問いには、次のようなものが考えられます。

・お湯に食品着色料を一滴落として混ぜないで置いておくとどうなるだろうか？
・冷たい水に食品着色料を一滴落として混ぜないで置いておくとどうなるだろうか？
・何度の水が、砂糖や塩を一番早く溶かすか？
・重曹と酢を混ぜるとどうなるか？
・酢の酸性度を測るためには、リトマス試験紙をどのように使ったらよいか？
・着色した水を濾過して透明にすることはできるか？
・汚れた水を濾過して、きれいな水にすることはできるか？

これらのなかから選んだ問いについて活動してもいいですが、もっともよい問いは生徒自らがつくり出したものです。

ミールワーム

この小さな生き物は、教室での探究において生徒の完璧なパートナーです。丈夫で無害なうえに、成長の四段階（卵、幼虫、さなぎ、成虫）を示してくれます。ミールワームは安いし、ほとんどのペットショップで簡単に手に入ります。乾燥したオートミールの容器の中で（湿り気を確保するために、時々リンゴの小さな切れ端を入れてやって）長期間飼育することができます。ちゃんと面倒を見れば、ミールワームの一群（コロニー）が一学年のうちに数世代も生育します。

ミールワームについての問いとしては、次のようなものが考えられます。

・ミールワームは、明るい環境と暗い環境のどちらを好むのか？
・ミールワームはどんな食べ物を好むように見えるか？
・ミールワームは好奇心が旺盛か？
・ミールワームの成長の各段階はどのくらいの期間か？
・ミールワームに何かを教え込むことはできるのか？
・ミールワームは障害物に出合うと、どんな行動を取るのか？

これまで紹介した三つ以外の発見ボックスのテーマも紹介しておきましょう。「空気と飛行」「鉱物テスト」「アート」「山（侵食）」「調合」「川」「砂時計のワークショップ」「工作」「光と色」

「分解ボックス」「塔づくりのワークショップ」などがあります。

発見ボックスを使った探究は、通常、隔週一回、五〇分から六〇分かけて行われます。取り組む前に「問い」について考え、科学読みものを熟読し、ほかの生徒がどんなことをしたかについても読んでいるので、生徒は探究をはじめるだけの準備がすでに整っています。

少人数のグループに分かれてそれぞれのボックスを受け取ると、生徒はボックスの中にあるフォルダーの最初のページに名前を書きます。これは、誰がどのボックスを使ったかについて教師が調べるときに役立つだけでなく、不注意な使い方で損傷が生じたときに、誰に責任があるのかを知るためでもあります。

生徒は、記名したボックスだけを使ってグループのメンバーと一緒に活動しなければなりません。こうすることによって焦点が定まり、ほかの生徒たちに干渉されることが少なくなります。

生徒は、フォルダーの記録シート（**資料4－3**参照）に活動成果を記入しなくてはなりません。自立するための自由には、記録という責任がともなうのです。生徒の最初の問いが記入され、続いて、自らの探究と発見が実験の様子を描いたスケッチとともに記述されます。生徒は各自のジャーナルに気づいたことを書くとともに、グループのメンバーたちと共同作業を行います。私は、この記録の記述が評価の対象であることを生徒に知らせています（評価の詳細については第10章を参照）。

資料4－3　発見ボックスの記録シート

タイトル　**科学的発見シート**

活動＿＿＿＿＿＿＿＿＿＿　名前＿＿＿＿＿＿＿＿＿＿＿＿＿＿

日付＿＿＿＿＿＿＿＿＿＿

どのような問いに答えようとしましたか？

あなたの問いに答えるために、あなたがしたことを説明してください。

＿＿＿＿＿＿＿＿＿＿＿＿＿＿＿＿＿＿＿＿＿＿＿＿

＿＿＿＿＿＿＿＿＿＿＿＿＿＿＿＿＿＿＿＿＿＿＿＿

＿＿＿＿＿＿＿＿＿＿＿＿＿＿＿＿＿＿＿＿＿＿＿＿

＿＿＿＿＿＿＿＿＿＿＿＿＿＿＿＿＿＿＿＿＿＿＿＿

あなたの実験のスケッチを描きなさい。

今日は、何を発見しましたか？

もう一回するとしたら、どのような新しい問いに興味がありますか？

今日の結果に満足しましたか？

はい　　いいえ　　どちらとも言えない

あなたのグループは、自分たちの今日の活動に何点をつけますか？

最高　10　9　8　7　6　5　4　3　2　1　0　最低

授業時間が終わる前に、アイディアが出尽くしてしまうグループもあります。そうしたグループは、記録を書き終え、使った素材を片づけたらほかのグループのところに見学に行くことができますが、あくまでもオブザーバーとして参加します。

オブザーバーが発した質問が、面白い議論に発展することもしばしばあります。また、オブザーバーの生徒がほかのグループが使っている発見ボックスを見てよいアイディアを思いつき、次回、そのボックスを使うこともあります。

発見ボックスに取り組んでいるときの生徒たちの興奮ぶりはすごいものです。このときほど、短時間に何回も教師の名前が呼ばれることはおそらくないでしょう。教室の至る所で発見がなされ、誰もが自分たちの観察結果を教師に伝えたがっているのです。

グループからグループへとオブザーバーとして巡ることが、教師にとっては新しい役割となるでしょう。生徒が指示に従って、「正しく」行っているかどうかをチェックするのではなく、グループから一歩下がって、そこで探究されていることに耳をすますのです。(5) 教師は、生徒が考え方を改めるために時間をたっぷり提供する必要があります。そうすることで、教師ではなく生徒

---

(5) まさにピアス先生のこの姿勢を、「まえがき」でウェンディー・ソールは、「ピアス先生は、生徒たちのなかに入っていって、彼らの後ろに立ち、自らの観点から探究の全体像を見つめることのパワーと楽しさに目を向けさせてくれる」(iiiページ) と称えています。

自身が学びの経験を自分のものにすることができるのです。このことが生徒を興奮させ、自分たちが発見したことをみんなで共有しようという気持ちにさせるのです。[6]

独自の発見をすることによって、生徒が誤った方向に進んでしまう場合もあります。たとえば、「岩石と鉱物」のボックスを使っているときにダニエルはドキドキするような発見をしました。彼女が手にした雲母が磁性をもつようになったのです。教室を走って横切ってきたダニエルが、磁石にくっついている雲母を私に見せました。

「お酢を雲母にたらすと、雲母が磁石にくっつくようになることを発見しました」と、彼女は言いました。

「見せてごらん。確かに磁石にくっつくようになったみたいだね」

ダニエルに誤解したままでいてほしくはありませんでしたが、私は一歩踏み込んで、「間違っている」と指摘することはしませんでした。そこで、次のように尋ねました。

「その雲母を磁石以外の平らなものにくっつけたら、どうなるかな？　雲母は、それにもくっつくかな？」

一〇分後にダニエルが戻ってきて、修正された発見を報告しました。

「お酢によって磁性をもったわけではありませんでした。湿ったからくっついたんです。いくつかのもので試してみました。見てください！　雲母は、このプラスチックのカップの底にもくっっつきました」

ダニエルの発見は、両方とも興味深いものでした。しかし、重要なのは、彼女がそうした発見に至ったプロセスです。子どもたちは、時間と素材と問いによって、大人の科学者がずっとそうしてきたように間違いを修正することができるのです。

やがて後片づけの時間になります。多くの生徒にとってこの時間は、あまりにも早く訪れた感じがするようです。また、制限時間を設けると、後片づけは時間を競うゲームのようなものになります。もちろん、子どもたちには、「いくら早くやってもいい加減ではだめ」と言っておかねばなりません。

ここで、発見ボックスをいかに管理するかについてあらかじめ考えておくことが大事になります！　もし、ボックスの片づけ方がチェックされると知っていれば、生徒は念を入れて片づけることでしょう。片づけられたボックスを棚に戻し、それぞれのボックスが元のようになっているかどうかを生徒自らがチェックするための委員会をつくっておけば、教師が教室を巡回して、手

(6)「生徒自身が学びの経験を自分のものにする」という点は、全米理科教育到達目標について論じているところ（第6章）で言われる、科学的探究において生徒たちが「自立し」、「オーナーシップをもつ」ということとつながっています。

助けが必要なときに生徒に頼むといったことをしなくてもすみます。後片づけが終わると、委員たちがボックスを乱雑なまま戻した生徒たちを呼び戻したり、補充するべき消耗品のリストを教師に渡したりします。

授業の終了時は、活動報告のためにグループごとに集まっていますので、生徒はたいていほかの生徒の席に座っています。生徒はボックスからフォルダーを取り出し、その時間に得られた彼らの探究成果が記述されたものを手にしています。それぞれのグループが、自分たちの経験についてクラスに一分程度報告します。

この時間は、発見ボックスを使った探究授業における重要な部分となります。報告する生徒は、自分たちが考えたことと観察したことを要約してこの時間に言語化しなければなりませんし、聞いている生徒は、ほかのグループが報告していることと自分たちの経験とを絶えず比較することになるからです。

この時間に教師は、質問することによって、不適当な実験方法や対照実験をしていない点、さらには重大な誤解を正すこともできます。私は、いつも生徒に次のように問いかけています。「どのようにして、それを知ったの？　次はどうなるんだろうね？　その発見によって、どんな方向を目指しているの？」

各グループが自分たちの探究について報告をするので、聞いている生徒にとっては、次に発見ボックスを選ぶときの参考にもなります。また、多くの場合、生徒同士の話し合い、質問、そして対話が大変豊かなものとなります。話し手は自分たちが探究したことについて熟知していますので、聞き手のほうはもっといろいろなことが聞きたくなるのです。

時には、二つのグループが似た問いを探究することがあります。ある日の振り返りの時間[(7)]にシャノンが、酢とエルマー接着剤を使って切手をつくるという試みについて説明しました。正しい比率で混ぜた混合物を塗れば、普通の紙が郵便切手のようになるというものです。彼女の報告を聞いて、「液体」の発見ボックスの素材で接着剤をつくろうとしていたグループのメンバーたちが非常に興味をそそられました。このメンバーはシャノンに質問をし、彼女のコメントをノートに記録していました。

発見ボックスを使った探究授業は、生徒たちが対話ジャーナルに記入することによって終わります。自分たちの探究を振り返って、生徒は観察や冒険について書きます。最初の問いは答えられたか？　びっくりした観察結果があったか？　何が発見されたか？　このテーマで次の探究をするとしたらどのようになりそうか？　などについて書いていきます。

ジャーナルの記述は重要な情報源となります。発見ボックスを使い、興奮状態のなかで得られ

（7）　こうした「振り返り」の時間も、ワークショップ形式で行う授業の重要な要素です。

た科学的発見のあとに行うジャーナルへの記述という静かな時間を、私は大切にしています。その理由は、心の平静を保つだけでなく、この時間に書かれることがあとで役立つからです。生徒にとっては、ジャーナルに書くことは自分がたどった過程の記録であり、自らの成功を祝うものともなります。一方、私にとっては、ジャーナルは評価のための貴重な媒体となります。ジャーナルを読むことによって、探究された問いを念入りに調べ、生徒の思考についてのさらなる洞察を得ることができるのです。

生徒の問いの質に対して初期段階における評価ができるのは、この時点です。生徒は、有意義な探究につながる種類の問いを立てているでしょうか？　初期段階では、生徒の問いはいくぶん浅いことが多いものです。「砂糖は酢に溶けるか？」というような、単に「はい」か「いいえ」で答えられるような問いの場合もあります。また、「私は、実際に飛ぶアルミホイルの飛行機をつくることができるか？」というような、「私は〜できるか？」という種類の問いの場合もあります。

確かに、これらの問いは興味深いものかもしれません。しかし、問いのモデルを示したり、直接的な指示をしたり、ほかの生徒の問いを例として用いたりすることによって、最終的にはもっと複雑な問いへと生徒を導くことができます。「冷たい水とお湯ではどちらが砂糖を早く溶かせるか？」というような、比較する問いを立てることによって生徒は、調査するときに変数[8]の要素に気をつけるようになります。変数の要素に着目すると、より行き届いた実験を行う必要が出てきますし、別の問いに発展する可能性も出てきます。

また、「～したらどうなるか？」という問いは、生徒が実験を計画する際にさまざまな形で応用できます。生徒はいろいろなことを試して、何が起こるのかについて予測しようとするわけですが、その際、すでに知っていることを用いて知らないことを見つけ出したりもします。とはいえ、単に問いそのものを吟味するだけでは、その問いの質を正確に評価することは難しいものです。その**問いの成果**を見ることによって、問いの質についてはるかに多くのことが学べます。その問いが探究者をどこに連れていったかを確認することが、問いの質についての試金石となるのです。

学年の後半には、発見ボックスを使った「探究の時間」とは違った形態になります。問いの立て方が洗練されることによって、子どもたちがより深い探究に向かって進んでいくからです。生徒たちは、探究期間の段階が進むに従ってますます自分で決めていくようになります。生徒たちが自らの探索を深めていくにつれて、発見ボックスから枝分かれした探究が生じてくるようにも

---

(8) この場合は、「水とお湯」における水温の違いが「変数」となっています。

なります。そうした探究も、発見ボックスや「子ども探究大会」の論文集やほかの生徒たちによってはじめられた実験や探究を起点としたものです。第8章では、こうしたもの以外に、生徒の探究に着想を与えるさまざまな情報源について述べることにします。

生徒たちに「『探究の時間』の計画シート」（**資料4-4**）を書いてもらうことによって、その後の探究授業の運営がより容易なものになるでしょう。「探究の時間」に入る一、二日前（発見ボックスを使うのであれば、ボックスのカバーシートに記名したあと）、各生徒はこのシートに記入することになります。自分が何をしようと思っているのか、すなわち発見ボックスを使うか、契約（第5章と第8章参照）を結ぶのか、それともほかの探究テーマに取り組むかを決めるのです。

発見ボックスを用いる場合は、必要な素材が備わっているかどうかを点検します。契約やその他の探究テーマに取り組む場合は、必要な素材を特定し、それらが手元にあることを自ら確認します。もし、手元にない場合は、それらを入手する責任者を決めます。このようにする理由は、素材が不十分なために無駄な時間を費やすことがないようにするためです。また、素材入手の責任を生徒に担わせるのは、経験の主体を教師から生徒へと移す手助けになるからです。

資料４－４　「探究の時間」の計画シート

タイトル　**「探究の時間」の計画**

名前＿＿＿＿＿＿＿＿＿＿＿＿＿＿＿＿　日付＿＿＿＿＿＿＿＿＿＿

次の「探究の時間」＿＿＿＿＿＿＿＿＿＿＿＿＿＿＿＿＿＿＿＿

年月日と曜日＿＿＿＿＿＿＿＿＿＿＿＿＿＿＿＿＿＿＿＿＿＿＿

使いたい発見ボックス、テーマ、契約＿＿＿＿＿＿＿＿＿＿＿＿

(契約の場合は、契約名と契約番号を書いてください。)

＿＿＿＿＿＿＿＿＿＿＿＿＿＿＿＿＿＿＿＿＿＿＿＿＿＿＿＿＿＿

＿＿＿＿＿＿＿＿＿＿＿＿＿＿＿＿＿＿＿＿＿＿＿＿＿＿＿＿＿＿

答えようとする、実証できる問い＿＿＿＿＿＿＿＿＿＿＿＿＿＿＿

＿＿＿＿＿＿＿＿＿＿＿＿＿＿＿＿＿＿＿＿＿＿＿＿＿＿＿＿＿＿

＿＿＿＿＿＿＿＿＿＿＿＿＿＿＿＿＿＿＿＿＿＿＿＿＿＿＿＿＿＿

＿＿＿＿＿＿＿＿＿＿＿＿＿＿＿＿＿＿＿＿＿＿＿＿＿＿＿＿＿＿

使いたい素材＿＿＿＿＿＿＿＿＿＿＿＿＿＿＿＿＿＿＿＿＿＿＿＿

＿＿＿＿＿＿＿＿＿＿＿＿＿＿＿＿＿＿＿＿＿＿＿＿＿＿＿＿＿＿

＿＿＿＿＿＿＿＿＿＿＿＿＿＿＿＿＿＿＿＿＿＿＿＿＿＿＿＿＿＿

＿＿＿＿＿＿＿＿＿＿＿＿＿＿＿＿＿＿＿＿＿＿＿＿＿＿＿＿＿＿

必要な素材は現在の教室で入手できますか？　　　はい　　いいえ

もし教室にない場合は、どんな素材が必要ですか？

＿＿＿＿＿＿＿＿＿＿＿＿＿＿＿＿＿＿＿＿＿＿＿＿＿＿＿＿＿＿

＿＿＿＿＿＿＿＿＿＿＿＿＿＿＿＿＿＿＿＿＿＿＿＿＿＿＿＿＿＿

＿＿＿＿＿＿＿＿＿＿＿＿＿＿＿＿＿＿＿＿＿＿＿＿＿＿＿＿＿＿

あなたが探究をする際に、特別に必要なものを列挙しましょう。

＿＿＿＿＿＿＿＿＿＿＿＿＿＿＿＿＿＿＿＿＿＿＿＿＿＿＿＿＿＿

＿＿＿＿＿＿＿＿＿＿＿＿＿＿＿＿＿＿＿＿＿＿＿＿＿＿＿＿＿＿

＿＿＿＿＿＿＿＿＿＿＿＿＿＿＿＿＿＿＿＿＿＿＿＿＿＿＿＿＿＿

このシートを、「探究の時間」の24時間前までに先生に提出してください。

発見ブック

発見ボックスを使う最初の授業に続いて、「発見ブック」（**資料4－5**）がクラスに紹介されます。教室の図書コーナーに置かれているこのバインダー（発見ブック）は、生徒の発見をほかの生徒に読んでもらうための記録です。

そこに記述されていることは学年が終わってもその本のなかに残ることになりますので、先輩たちの発見についても読むことができます。実際にそれを読んだ生徒は、この本に書き込むことで、次の学年の生徒にも自分たちの記述が読まれるということを自覚することになります。また、この発見ブックのシート（発見シート）の裏面は、ほかの生徒がその実験を再現したときの結果を記録するスペースともなっています。

発見ブックは教室のコミュニティー意識を高めることになります。科学者として、生徒は互いに報告しあうことになっています。発見ブックは、報告のための場所なのです。私たちのコミュニティーは、現在の学年だけでなく、私がこれまでに受け持ったすべての生徒たちによって構成されています。過去の生徒たちは、将来の生徒たちに対して多大な貢献をしているのです。しかし、私たち教師は、生徒たちが学年を超えて共有しているものについて見落としているケースが多いようです。[9]

生徒が私のクラスを離れて数年後に教室に戻ってくると、私はいつも驚いてしまいます。よく彼らは、「私が書いたことはまだ発見ブックに載っていますか?」と第一声で尋ねるからです。中学生や高校生になっても、自分たちが以前に貢献したことに対して、彼らは誇りをもっているのです。それゆえ、彼らは私のクラスの一員ですし、これからもずっとそうなのです。

発見ブックもまた、読むことの本来の意味を体験することができる資源だと言えます。生徒は、ほかの生徒が書いたことに触発されます。ほかの生徒が書いた手順に従ってその実験を再現することによって、科学的探究のためには明確な記述が不可欠であるということを生徒は理解するのです。

この点に気づくことで、書く力を向上させようとする生徒も出てきます。発見ブックに記入する生徒は、次年度にその発見について口頭で説明することはできません。書いたもので、すべてについて説明をしなければならないのです。

---

(9) 日本の教育現場では、学年を超えた生徒たちの連携についてどれだけ意識されているでしょうか? 今、教室にいる生徒たちだけでなく、その前や後に続く生徒たちまでを含めて「コミュニティー」として捉える考え方、およびそれを前提にした実践というのは「素晴らしい!」のひと言です。

資料４－５　発見ブックの記入シート（発見シート）

科学的発見

この発見は、＿＿＿＿（日付）に、＿＿＿＿＿＿＿＿＿＿＿（生徒科学者の名前）によってなされました。

発見したこと

＿＿＿＿＿＿＿＿＿＿＿＿＿＿＿＿＿＿＿＿＿＿＿＿＿＿＿＿＿＿

＿＿＿＿＿＿＿＿＿＿＿＿＿＿＿＿＿＿＿＿＿＿＿＿＿＿＿＿＿＿

＿＿＿＿＿＿＿＿＿＿＿＿＿＿＿＿＿＿＿＿＿＿＿＿＿＿＿＿＿＿

この発見に至るために、次のような順番で活動を行いました。（測定値、分量を書き、一つ以上のスケッチと表を書くこと。）

1．＿＿＿＿＿＿＿＿＿＿＿＿＿＿＿＿＿＿＿＿＿＿＿＿＿＿＿＿

＿＿＿＿＿＿＿＿＿＿＿＿＿＿＿＿＿＿＿＿＿＿＿＿＿＿＿＿

2．＿＿＿＿＿＿＿＿＿＿＿＿＿＿＿＿＿＿＿＿＿＿＿＿＿＿＿＿

＿＿＿＿＿＿＿＿＿＿＿＿＿＿＿＿＿＿＿＿＿＿＿＿＿＿＿＿

3．＿＿＿＿＿＿＿＿＿＿＿＿＿＿＿＿＿＿＿＿＿＿＿＿＿＿＿＿

＿＿＿＿＿＿＿＿＿＿＿＿＿＿＿＿＿＿＿＿＿＿＿＿＿＿＿＿

4．＿＿＿＿＿＿＿＿＿＿＿＿＿＿＿＿＿＿＿＿＿＿＿＿＿＿＿＿

＿＿＿＿＿＿＿＿＿＿＿＿＿＿＿＿＿＿＿＿＿＿＿＿＿＿＿＿

スケッチ

精度の信頼性（次の数字を丸で囲んでください）

精度が高い　10，9，8，7，6，5，4，3，2，1，0　精度が低い

発見シートの裏面

実験の再現

1．表の面に書かれた実験、観察は、_______（日付）に、
_______________（生徒科学者の名前）によって再現されました。

結果 ____

____

□ 元の発見と似た結果となった　□ はっきりとした結論が出せなかった　□ 元の発見とは違う結果になった

2．表の面に書かれた実験、観察は、_______（日付）に、
_______________（生徒科学者の名前）によって再現されました。

結果 ____

____

□ 元の発見と似た結果となった　□ はっきりとした結論が出せなかった　□ 元の発見とは違う結果になった

3．表の面に書かれた実験、観察は、_______（日付）に、
_______________（生徒科学者の名前）によって再現されました。

結果

____

____

□ 元の発見と似た結果となった　□ はっきりとした結論が出せなかった　□ 元の発見とは違う結果になった

第5章 野外活動

自然誌作家のエドウィン・ウェイ・ティール(1)は、道端にあるゴミの山から死んだオオカバマダラ(2)を発見した少年を目にしたときのことについて物語を書いています。そのとき少年は有頂天になり、前かがみに立ち、周囲のものが一切目に入っていないかのようでした。ティールは次のように回想しています。

それはまるで、若いときの自分を見ているようだった。ドアは彼のために開いていた。そのドアの向こうには、自然のすべての美と神秘が横たわっていた。

野外で活動する生徒の様子を見たり，彼らが話している言葉を聞いたりすることは、ここで描写されていることと同じように喜ばしいものです。

「この大きな穴を見て！」と、ショーンが大声で言いました。「たぶん、ビーバーがつくったんだよ」

「ううん、ビーバーじゃないよ」と、レベッカが答えました。「どこにも水がないじゃない。何か違うものじゃないかな……」

「見て！」と、ブランドンが叫びました。「倒れた木があるよ。これがその穴にあったんじゃないか」


子どもたちはごく自然に、周囲の世界でいったい何が起こっているのかについて探り当てようとします。彼らは、自分自身の観察と実地調査によってデータを集めることを楽しんでいるのです。どの年齢の子どもたちを見ても、このことは確認できるでしょう。子どもたちは、私たちが「科学」と呼ぶこと（子どもたち自身は、それをほかの名前で呼んでいますが）をすることが大好きなのです。また、ほとんどの子どもたちは野外に行くことも大好きです。生徒に「やりたいこと」を書かせると、大半の生徒がなんらかの野外活動を上位に挙げます。学校で行うことのな

（1）（Edwin Way Teale, 1899～1980）アメリカの自然誌家、写真家、作家。北米を一二万キロ車で走り回って、季節の変遷を綴った『アメリカの季節』が有名です。
（2）蝶の一種です。三八ページの資料**2－3**の注を参照してください。

かで、野外活動が常に特別なものであることは確かです。

生徒が本物の科学をすることは、ほかの教科でもうまくやっていこうという気にさせる強力な方法となります。探究理科（科学）の興奮と野外における喜びの叫び声が結びつく様子を想像してみましょう。野外教育は両者を含んでいるのです！　どんな学習テーマであっても、教室に戻ってからの探究理科を強化するものとして、野外調査は必ず中心部分を占めることになるでしょう。

野外教育（「環境教育」と呼ぶ人もいますが、環境教育という名称は時にあいまいなものとなります）の原型は一八〇〇年代にさかのぼります。博物学者であるルイ・アガシー(3)のモットーは「本ではなく、自然を学べ」でした。この哲学観は一世を風靡したようです。これによって教師たちは、生徒たちがただ教科書から学ぶだけでなく、自然に直接触れる経験をもつように奨励されました。そして、ヘンリー・デイヴィッド・ソロー(4)やジョン・ミューアやセオドア・ルーズベルトが、こうした自然学習から生まれたのです。これ以降、野外教育の概念は進化し、変化してきました。

一部の人々にとっては、野外教育ないし環境教育の主要なテーマは、熱帯雨林の減少、リサイクル、地球温暖化、種の絶滅、環境汚染、省エネルギーなどとなっています。しかし、こうした重大な問題は、生徒にとっては自分の問題になりにくいのです。確かに、それらの問題に気づくことも重要なのですが、これらの問題において生徒が行動できること（投書、寄付金集め、ポスターづくりなど）はかぎられているのです。

一方、環境への意識を「草の根に根づいたもの」として見ている人もいます。やがて生徒もグローバルな問題に取り組むべきときが来ますが、それよりも地元の問題のほうが先決なのです。芝生における生物多様性、渡りをする蝶や鳥の観察、校庭にいる生物のカタログづくり、侵食や土壌流出、地域に流れる川の水質、生物指標のモニタリングなどは、小学生でも自分の問題として取り組むことができます。慣れ親しむに従って「問い」が生じてきます。そして、それらの問いによって観察と探究の必要が生じるのです。学校のドアの外に広がっている世界は多彩で、豊富な材料が備わった実験室です。常にそこにある実験室が変化を繰り返しながら子どもたちを招いています。

（3）（Louis Agassiz, 1807～1873）スイス生まれのアメリカの海洋学者、地質学者、古生物学者。ハーバード大学教授で、一般には氷河期の発見者として知られています。

（4）ソロー（Henry David Thoreau, 1817～1862）とミューア（John Muir, 1838～1914）はアメリカにおけるナチュラリストの草分けとして有名ですが、偉大な大統領とされるセオドア・ルーズベルト（Theodore Roosevelt, 1858～1919）の名前がこの文脈に入っていることを意外に思う人が多いかもしれません。ルーズベルトは、政治家や軍人としての華々しい経歴のほかに、自然保護運動を支持し、アマゾン川の探検に出掛けるという自然主義者の側面ももっていました。

野外教育に取り組むことを重視する考え方が急速に広まっています。非常に多様な環境に恵まれた学校は、ごく自然に野外に出られるように校内の環境を整備しています。また、野外教育者たちの組織は多くの州で驚異的な割合で増加しています。たとえば、北米環境教育学会（NAAEE）[5]は現在四〇の支部をもち、五五か国とネットワークを結んでいます。また、メリーランド環境野外教育者協会（MAEOE）[6]は毎年のように会員数の増加を報告しています。一九八五年に三〇人の会員によって創設されたMAEOEは、一九九八年には三〇〇〇人以上の会員を擁するに至りました。このような増加率は、言うまでもなく、教室の外に授業を拡大している教師たちが増えていることを表しています。ますます野外教育は、時間が許せば金曜の午後にだけ行われるというような「お飾りの特別授業」ではなくなっているのです。

生徒たちを野外に連れ出すために、教師はさまざまな理由をつけています。確かに、環境問題に気づかせるというのは、理由の一つとなります。しかし、探究理科の強化という点で見ると、野外に出て行くことは、調査し、発問し、探究し、発見することにつながります。時間と場所が与えられれば、子どもたちは藪、芝生、歩道の割れ目の雑草、樹木、草地、小川や池、さらには森すらも調査することでしょう。こうした活動から生じる「問い」は無数にあるのです。

学校によっては、校庭がアスファルトの遊び場になっているところもあれば、数ヘクタールもの草地や森となっているところもあります。校庭の様子が違っていても、共通するいくつかの重要な特徴があります。

第一に、それらすべてに、子どもたちが観察できる生き物がいることです。雑草、芝、花、薮、木は、すべて発見されるのを待っている小さな生態系です。第二に、どの校庭も、子どもたちが気象観測をするという機会をもたらします。雲を見上げ、影を追い、風を感じて測ることまで、すべての校庭が環境への入り口であり、ほかの環境とつながっているのです。第三に、おそらくもっとも重要な点ですが、校庭のどの場所も生徒たちの居場所なのです。生徒たちは、その空間を自分のものとしています。これによって、校庭にあるものに対して満足感をもち、そこにあるものに配慮するという責任感ももつことになります。

もちろん、校庭の環境がどれくらい活用されるかについては、そこで何が得られるかというこ

（5）（North American Association for Environmental Education）訳者の一人である吉田が、一九九三年のNAAEEの年次大会に参加しています。翌年、そのときに出合った「プロジェクト・ワイルド」（動物をテーマにした環境教育プログラム）と「WET」（水をテーマにした環境教育プログラム）を初めて日本に紹介しました。その前年の一九九二年には、プロジェクト・ラーニング・ツリー（PLT・木をテーマにした環境教育プログラム）を紹介しています（本章でも、「自分の木」選びが行われています）。これらの環境教育プログラムは、それ以来、日本での普及活動が継続的に行われています。

（6）（Maryland Association of Environmental and Outdoor Education）本書の著者の地元のアメリカ・メリーランド州にある、環境教育・野外教育の推進団体。環境教育のプログラムや指導者研修を盛んに行っています。

とに左右されます。とはいえ、校庭のどの部分も、探究を促進するために用いることができるのです。

活動開始

野外教室の環境を整えるための第一歩は、そこにあるものを把握しておくことです。これは容易なことです。現状確認の必要性は、どの校庭についてもあてはまることでしょう。どの学校でも、初めから設置されているものは生徒がすぐに使えるものです。校庭を活用するために必ず行うべきことは、いかに無害な環境であるように見えても、生徒が調査するときのことを考えて安全性をしっかりと確認することです。生徒の発見と記録は、そのあとに自然になされることでしょう。

大半の学校では、建物の周囲に木が植えられています。これらの木は、昔からずっと子どもたちの「良き友」でした。木は木陰を与えてくれ、登ると最高だし（学校での木登りはたぶん許されていないでしょうが）、大きいにもかかわらず恐ろしくはなく、明日も明後日もずっとそこにいてくれます。

校庭の木には番号を振っておくといいでしょう。それにはいくつかの利点があります。番号が付けられた木は、場所を指し示す際に目印となります。「四番の木から北へ二〇歩のところで発見した」と記述すれば、その場所を正確に位置づけることができます。また、木に番号があることで、生徒が文章において場所を記すときにも役立ちます。生徒は、木と木の間の距離を実測し、それを縮小して図で表すときに「比率」と「測定」といったことを理解するようになります。校庭にあるいくつかの（または、すべての）木に番号が振られたら、生徒が第一にすべきことは、校庭の地図（高学年は測定した地図、低学年は手で描いた地図）を書くこととなります。

さらに、木に番号があることで、それぞれの木を特定することにも役立ちます。プレートなどで、「カシ」とか「ニレ」とかといったように木の種類を示さないほうがいいでしょう。生徒自身が答えを見いだすための情報が木自体のなかにあるのに、初めから種明かしがされてしまっているのでは面白みがなくなってしまいます。

木に番号を振る方法にはいくつかのやり方があります。一時的なものとしては、数字を書いたカードを鋲（びょう）や紐で木に付けるという方法があります。木に直接ペンキで数字を書くという、より長持ちさせる方法もあります。ペンキで描いた番号は数年間消えることがなく、壊されることもありません。私は、約一〇センチ四方の板に電動工具で数字を彫って、その板を小さな釘で木に打ち付けました。梯子を使って手の届かないところに取り付けることで、生徒が木の高いところを見るようになりますし、壊される危険も少なくなります。

木が数本しかない校庭の場合、すべての木に番号を振ることが重要となります。一方、林のように木が多い校庭の場合、まばらにでも木に番号を振ることが有効です。番号が付いた木によって、ほかの木々の場所も特定できるようになるからです。

「1」から順番に番号を付けるよりも、より広い範囲で任意の数を使うほうが面白いでしょう。素数や、バスのナンバープレートの数、「96」の約数などといった面白い番号づけがあります。付けられた木の番号は、校庭の一部としてなじんでいくことで独自の意義をもつようになるはずです。

自分の木

生徒を野外教育に親しませるには、学年の最初が絶好のタイミングとなります。何本かの木に番号がすでに振ってあれば、番号をたどって生徒と校庭を歩き回ることができます。生徒は木をよく見るようになり、それがきっかけとなってたくさんの観察に導かれることでしょう。

生徒は歩きながら、何番の木を観察したかについてグループで共有するようになります。その後、まだ彼らが番号を確認していない木にマークを付けた地図（縮尺されていないもの）を渡してみましょう。すると生徒は、見逃した木を見つけて、地図に番号を書き入れるために教室に戻ってきます。この作業が終われば、その地図上において、すべての木に番号が付けられることになります。

次は、生徒が自分の木を決める時間となります。どの木（番号が付いていなくてもよい）を選んでもよいことになっており、「自分の木選び」の書類に記入することになります。年間を通じて、その木を訪ねるたびに、観察事項や変化した事柄や興味深い事実について生徒はジャーナルに記録します。初めに、彼らは「自分の木選び」の書類の裏側に自分たちの木の正確な場所を記さなければなりません。その記述を読んだ人が分かるように書くのです。たとえば、ある生徒の木は「17番」の木から北東に一四歩のところにあります。こうした記述をするためには、東西南北というような基本的な方位とともに、「一四歩」という標準の単位ではない測定の仕方も理解していなくてはなりません。

捕虫網

定期的に行われる野外教室で、生徒は次々に冒険を行います。野外教室は、クエスチョン・ボードに書き加えるべき、たくさんの「問い」を引き出します。私たちはいつも、たくさんの自然物を野外から持ち帰っては、それらをテーブル（採集物を陳列するテーブル）に展示します。

夏の終わりや秋の始め、野原で昆虫やクモを集めるためには捕虫網が大いに役立ちます。刈り取られた牧草のなかにも、ほかのところでは見られないような生き物がたくさん含まれており、捕虫網でそれらの生き物を捕獲しています。捕虫網は九〇センチの長さの棒に布製の網がついたもので、理科教材を製作している会社から入手できるほか、ボランティアの保護者に頼んで、ハンガーとナイロンストッキングを材料にしてつくってもらうこともできます。

歩きながら捕虫網を前後に振ることによって、生徒は驚くほど多くの生き物を捕獲することができます。理想的には、刈られていない草地（調査用として、学校の一部の芝生を刈らないでおいてもらうと、素晴らしい原っぱになるでしょう）で網を振り回すことが最高と言えます。私たちは、刈られていない区域を「牧草地」と呼んでいます。牧草地で捕虫網を振り回して生き物を発見したときは、生徒のジャーナルか、特別のシート（**資料5－1**が「牧草地」用のワークシートの実例です）に記録しておくことが重要です。

秋は、まさにクモについて考える絶好の季節です。九月中旬か一〇月の初め、捕虫網を振り回すとたくさんのクモが入っています。生徒は、この生き物に心底魅惑されるようです。クモのための住処（すみか）（切り取った小枝と草を入れた小さな透明な容器）をつくってクモをそこに入れると、クモはそこで巣（網）を張ります。すると生徒は、獲物が捕まり、食べられる様子を目撃することになります。また、クモの卵が孵化し、数百匹の赤ちゃんグモが容器の内壁をよじ登る様子も

資料５－１　「牧草地」用のシート

牧草地で

日付＿＿＿＿＿＿＿＿＿＿＿＿＿＿＿＿

名前＿＿＿＿＿＿＿＿＿＿＿＿＿＿＿＿

パートナーの名前＿＿＿＿＿＿＿＿＿＿＿＿＿＿＿＿

今日の天気＿＿＿＿＿＿＿＿＿＿＿＿＿＿＿＿

・牧草地で捕虫網を振り回してみよう。
・何を収集できたかを見てみよう。
・捕虫網の中にいる一つの生き物をスケッチしてください。

その生き物について記述してください。

色＿＿＿＿＿＿＿＿　足の数＿＿＿＿＿＿＿＿

その生き物は翅をもっていますか？　はい＿＿＿　いいえ＿＿＿
その生き物は飛びますか？　はい＿＿＿　いいえ＿＿＿
その生き物は跳びますか？　はい＿＿＿　いいえ＿＿＿

測定　体長＿＿＿＿＿＿＿＿　横幅＿＿＿＿＿＿＿＿

これと同じ生き物がだいたいどれくらいの数、捕虫網の中にいましたか？＿＿＿＿＿＿＿＿＿＿＿＿＿＿＿＿

上に描いた生き物の名前は何ですか？
(知らないなら、名前を付けてみよう！）＿＿＿＿＿＿＿＿＿＿＿＿＿＿＿＿

その生き物について、思いつく問いを三つ以上挙げてください。

1

2

3

牧草地を去る前に、捕虫網の中の生き物たちを放すのを忘れないようにしましょう。

見ることができます。

クモは世界中に約三万五〇〇〇種類も存在していますが、学校の屋外にもかなりたくさんの種類がいます。クモに魅せられた生徒は、観察して、その結果を教室で記録し、クモについて書かれた本を図書館で見つけてきます。この場合、本を読むことは学習課題とはなっていませんが、あまり本を読みたがらない生徒にとっては、本からより多くのことを知ろうとするよい機会となるでしょう。それはまた、フェイス・マクナルティ（Faith McNulty）の『女の人とクモ』[7]を教師が読み聞かせするよい機会ともなります。

サンショウウオの生息数調査

クモのほかに、秋に簡単に見つかる生き物といえばサンショウウオです[8]。湿った土のところで、倒れた木や枝がある林ならどこにでもサンショウウオがいることでしょう。この小さな生き物は扱いやすいし、安全だし、手にとって見るとかわいいものです。しかし、サンショウウオを捕まえることは単なる「お遊び」でないことを、生徒に言っておかなければなりません。

サンショウウオや他の両生類は、世界中で急速に絶滅しつつあるのです。それだけに生徒は、学校のある地域におけるサンショウウオの生息数調査に役立つだけの重要なデータ収集に貢献することができるのです。また、アン・メイザー著の[9]『ぼくとサンショウウオのへや』（にしかわ・かんと訳、福音館書店、二〇一一年）を読むことは、生徒が野生動物に対する責任について考える手助けとなります。

サンショウウオが生息していることが分かっている場所を、三メートル四方のロープで囲います。岩や丸太の下を丁寧に探して、サンショウウオを収集します。サンショウウオの観察結果をデータシートに記録します。場所、気温、天気、日時、調査範囲、見つかったサンショウウオの数、それらの平均体長などを記載します。

これらの観察結果は、生徒による多くの問いにつながるだけでなく、以前に教室で習った算数のスキルを実際に使用することにもなります。季節による変化を見るために、この生息数調査は学年の後半にもう一度行ってもよいでしょう（非常に重要なことですが、生息数調査のデータが

（7）『女の人とクモ』は未邦訳です。クモについての絵本としては、『クモくんのにっき』（作：ドリーン・クローニン作／ハリー・ブリス絵、もりうちすみこ訳、朔北社）、『クモ』（今森光彦著、アリス館）がおすすめです。また、『クモハンドブック』（文一総合出版）も図書室に揃えたい図鑑です。

（8）著者も指摘しているように、サンショウウオは絶滅危惧種になっているものが多く、飼育はすすめられません。日本では、プールを利用してトンボの保全活動をすることなどが考えられます。

（9）（Anne Mazer, 1953〜）アメリカの作家。年少者向けの本を多く書いています。

集められたらサンショウウオをすぐに放してください）。

その後も同じ学年の生徒がサンショウウオの生息数調査を続けていけば、生息数の変化が明らかになることもあるでしょう。そうした変化を生徒が知って、心に留めておくことは重要です。以前のサンショウウオの生息数調査を利用して、自分たちの新しいデータを意味づけようとすることは、教室に醸成されたコミュニティーの感覚を強めることになります。また、それは、生徒がサンショウウオの生息数調査というような重要なプロジェクトを、共同の努力によって担っていることを強調する機会にもなります。

生物多様性の日

おそらく、ほとんどの生徒が、熱帯雨林の消失や、その結果としての種の絶滅に関する話を聞いたことがあるでしょう。私たちの惑星は、毎年二万七〇〇〇種の生き物を失っていると算定されています。その数は、一日に七五種、一時間に三種となります。これは、恐竜の絶滅以来、生物滅亡の最大危機にあることを表しています。

一部の生徒にとっては、これは怖いことかもしれません。人類の滅亡はいつ起こるのか、と彼らは尋ねるかもしれません（このような子どもたちは、なんと敏感なことでしょう！）。しかし、これは、生徒がまったくかかわることのできない危機なのです。彼らには、このような状況を変えるために有効となることが何一つとしてできないのです。

野外調査を通じて、校庭にあふれるほどの生き物たちがいるということを生徒は知るようになります。その数は、おそらく彼らが想像していたよりもはるかに多いでしょう。何人かの生徒は、学校の周りにいる生き物も、ほかのところで起こっていることと同じような危機状態に陥っているのではないかと考えるかもしれません。学校の周りのことなら、生徒は**何かができる**し、意味のある影響を与えることもできます。私たちはこのプロジェクトを一年中行っていますが、このような点がはっきりと説明され、強調されるのが「生物多様性の日」[10]です。

私は生徒に、野外教室において生き物を記録する五年間の任務について話しています。たくさんの生き物がいるのでみんなの努力が必要なのです。野外教室では、図書館から借りた昆虫の本や野外観察図鑑、鳥、花、木についての本を見ることができます。それらの参考書は、中が空の容器や虫眼鏡や顕微鏡と一緒に持ってきた大きな毛布の上に置かれています。そこには、捕虫網をはじめとした道具や教材など、任務を請け負った生徒が使うことになるものもあります。

---

(10) 一九九三年に国連で「生物の多様性に関する条約」が締結されたことを記念する日であり、二〇〇一年からは五月二二日とされています。「生物多様性の日」は、日本の学校ではあまり注目されていないようです。

生徒に与えられた課題は、野外教室において植物や動物の生息位置を示し、図鑑などの参考書を使ってそれらの名前を確認することです。この活動では、あらゆる手がかりを駆使しなければなりません。たとえば、生徒がある昆虫を捕まえ、図鑑でその分布地図を見ると、「太平洋岸北西部にいるもの」と書いてありました。しかし、生徒がいるところがアメリカの南東部だとしたら、その昆虫は図鑑に掲載されているものとは違う可能性が高くなります。

このプロジェクトの準備として私たちは、実際に野外活動を行う前に野外観察図鑑を使って予行演習をしています。生徒たちは、すでに名前を知っている植物や動物を与えられて、それらを見分けるための特徴を自分たちでよく調べるように言われます。生徒たちがそれらの手がかりや証拠について話し合っている様子は、まるでゲームをしているような感じです。

この活動は小学校高学年向けのように思えますが、適当なサポートがあれば、低学年でも生き物の種を見分けるコツを発揮します。私たちは、五年生と二年生をペアにしたグループワークによってこの活動を成功させたことがあります。⑪また、八年生と五年生のペアでも成功しています。本物の実践的な課題であること、そして、それがもたらす興奮が学年という差を超えてペアを結びつけるのです。⑫

彼らの興奮した会話を聞いていて私は、学年が違う二人の生徒がいかに学び合っているかということが分かりました。

初秋の「生物多様性の日」、八年生の生徒たちが私たちのクラスに手助けとして来たとき、彼らは新しい洞察とアイディアをもたらしてくれました。秋だったので、捕虫網はコオロギでいっぱいでした。五年生が捕虫網をうまく使っていたのに対して、八年生の生徒は観察者としての能力を大いに発揮しました。コオロギを小さなプラスチック製の容器に入れてから、二人の少女が昆虫について学びはじめました。

「足が変に曲がってる」と、五年生がコメントしました。

「変じゃないよ。よく跳べるように曲がってるんだよ。見て、足は四五度に曲がってるの」と、八年生の少女がこたえていました。

この二人の少女は、長い時間、昆虫の観察にすっかり熱中していました。

野外活動で発見されたことは、「『野外教室の生き物ブック』への収録申請シート」（**資料5-2**）に記録されます。生徒たちが見つけたものを記述し、スケッチを描き、参考文献を記します。目標は、「野外教室委員会」（委員は、生徒と教師の組み合わせの場合と、担任教師だけの場合が

(11) アメリカでは、小学校一年生から高校の最終学年までを、一年生から一二年生というように、小学校入学からの学年で表します。「八年生」とは、小学校入学から八年目の生徒（一三歳から一四歳）のことです。

(12) 異年齢集団のほうが同年齢集団よりも効果を発揮する点については、『遊びが学びに欠かせないわけ』（築地書館）の第9章を参照してください。

資料５－２　『野外教室の生き物ブック』への収録申請シート

野外教室にいる生き物——観察され、名前を確認された植物と動物

生徒の名前＿＿＿＿＿＿＿＿＿＿　観察の日付＿＿＿＿＿＿＿＿＿＿

生き物の名前とその種類＿＿＿＿＿＿＿＿＿＿＿＿＿＿＿＿＿＿＿＿

(どちらかに丸をしてください)　植物　・　動物

観察した場所＿＿＿＿＿＿＿＿＿＿＿＿＿＿＿＿＿＿＿＿＿＿＿＿

記述＿＿＿＿＿＿＿＿＿＿＿＿＿＿＿＿＿＿＿＿＿＿＿＿＿＿＿＿

スケッチ

検証　本のタイトル＿＿＿＿＿＿＿＿＿＿　ページ数＿＿＿＿＿

ほかの生徒がこの生き物を観察したら、この裏側にその情報を記入してください。名前と、観察した日付と場所を必ず書いてください。

あります）に、彼らが見つけた植物や動物が正しい名前で記録されていることを認めてもらうことです。

野外教室委員会が記録の正確さを認めれば、そのシートにスタンプが押されて、公式の『野外教室の生き物ブック』に収録されて無期限に保存されることになります。もし、それらの植物や動物が将来見つけられた場合、最初にそれを見つけた生徒が最初の発見者として引用されます。タンポポを発見して記録した生徒は、永久に「発見の栄誉」が受けられるのです。最初の発見者の名前は、何年にもわたって保存される大きな本に残り続けます。

このプロジェクトは、野外教室にいるたくさんの生物種を記録するために貢献してきました。これらのデータは、生物の記録として、年を経るごとにますます価値のあるものとなるでしょう。これまでにどれだけ多くの生物種が登録されたとしても、将来、別の生徒たちがそれらとは異なるたくさんの生物種を見つけることでしょう。このプロジェクトは決して完結することがないのです。

さらなる野外経験

いつの季節でも、野外に出ることは多くの「観察」と「問い」をもたらします。私たちは常に野外観察図鑑とジャーナルを携え、必要品が入った野外教室セットを持っていきます。セットには、ラテックスコーティング手袋、いろいろな大きさの標本に対応できる容器、プラスチックのフリーザーバッグ、定規、ピンセット、虫眼鏡などが入っています（もちろん、救急セットも必需品です）。

冬の間は、とりわけ面白いものとなります。その季節は下生えのところをはじめとして、林のさまざまなところが露出しているのです。ツタウルシは、まったくなくなっているわけではありませんが活動停止状態であり、かぶれたりすることはほとんどありません。

学校の近くの雑木林を訪ねたとき、もっとも興奮した経験の一つとして、骨を発見したことが挙げられます。雑木林で、発見されるのを待っていたかのような動物の骸骨に出くわすのですが、ワクワクしてきませんか。すぐさま、叫び声が上がります。

「ピアス先生、私が見つけたものを見てください！」

「気持ち悪い！」と、誰かが言います。

「わあ！　すごい！」と、ほかの生徒が続きます。

反応はさまざまですが、生徒たちは何があったのかと、見るために駆け寄ってきます。私の役割は、生徒たちの熱狂をさまさないように、安全のためのルールを実行することです。多くの場合、私は「問い」のプロセスをつくり出すモデルを示すようにしています。

「それは何だと思う？」と、まず尋ねます。
「骨です」と、発見者が答えます。
そして、クラス全員が集まって、その経験を共有します。一歩一歩、私は彼らを一連の問いへと導きます。その骨はどこから来たのか？　何が起こったのか？　私たちはその骨に対して何をすべきなのか？　これをするには時間がかかりますが、このプロセスは重要です。科学は語られるべき物語なのです。そして、動物の物語ほど、そのことがはっきりと現れるものはほかにありません。

私たちが見つけた動物の骨は、多くの場合、ウサギやリスなどといった小さな哺乳類のものです。この種の発見は頻度が高いので、骨と出くわしたときにしてはならないことについて私は生徒に言い聞かせることにしています。素手で骨に触ったり、拾い上げたりしてはならないことを彼らは知っています。骨の中にはたくさんの細菌がいます。野外で発見したものの取り扱いと保管には、安全な方法をとらなければなりません。

骨が発見され、その骨を教室に持って帰るということが決まったなら、まずは野外教室セットの中に入っているラテックスコーティングの手袋を使って、その骨をフリーザーバッグに入れます。そのあと、教室に持ち帰ったら、骨を安全に展示するためにもいくつかの処置をしなければなりません。一つは、骨を一時間ほど煮沸（しゃふつ）することです。とはいえ、煮沸の問題点は何といっても悪臭です。より好ましい方法は、水に溶かした漂白剤に骨を浸しておくことです。両方とも効果的な方法なのですが、生徒にさせてはなりません。

フクロウが吐き出したものから骨が見つかることもあります。そうした骨は、フクロウの餌となった非常に小さい動物の残骸です。ペリット（吐出物）[13]のなかには、消化されなかった骨や毛皮などが入っています。たいていの場合、これらはハツカネズミやハタネズミの残骸ですが、小鳥の残骸の場合もあります。ペリットがたくさんあるときは、その場で、小枝で切り分けてみるというのも楽しいものです。使った小枝は、そのまま藪に捨てることができます。

よりきちんとした調査のためには、ペリットをフリーザーバッグに入れて教室に持ち帰ります。ペリットは、電子レンジで二〇秒から三〇秒、二五〇度のオーブンでは一五分から二〇分熱することによって生徒が安全に扱えるものとなります。とはいえ、適切な方法で処置されたペリットであっても、それを扱ったあとでは必ず手を洗うように注意を促す必要があります。

小学生でも、先の尖った木製の串（使い捨てのもの）でフクロウのペリットを切り分けることができます。実は、フクロウのペリットは購入することもできるのです[14]。ペリットのなかにいる動物を確認するときに役立つ骨格図も入手が可能です。ペリットのなかに潜んでいる謎を解明することは、さらに多くの「問い」につながっていくのです。

これまでに述べた野外調査と同じようなことは、アスファルトの遊び場であっても小さな規模ではじめることができます。そこでも、昆虫は子どもたちを惹きつけるはずです。彼らの足元で捕食がまさに行われていることを生徒が発見して、びっくりすることもあります。探究は生徒の問いと観察からはじまるものであり、そこで生じた問いは、生徒がもっともよく行く場所から生じるものです。

雪が積もっているなかで野外調査ができるという点でも、冬は格好の季節となります。動物の足跡調査は、雑木林でなくても**林や草地で**可能となるのです。雪の上の足跡が語る物語は魅力的です。

気温が低いときは、動物の足跡は何日間も残っています。生徒たちは、動物がいるという証拠を発見することが大好きです。とくに、すでに隠れ家に逃げ帰った動物（たいていの動物は、生徒たちの騒々しい一団がやって来るはるか前に逃げてしまっています）の痕跡を発見したときなどがそうです。雪が積もっていれば、もっとも騒々しいクラスでも、すばしっこい動物が残した

(13) ペリットとは、フクロウ、ワシタカ、サギ、モズなどの肉食鳥が一度のみ下した食物のなかにある不消化物（骨や羽毛）が固まりとなって吐き出されたものです。それらの鳥類の食性を知るうえで重要な手がかりになります。

(14) 日本でもフクロウのペリットをウェブで販売しているところがありますが、概して高価なようです。

足跡を発見することができるのです。

冬に入ったばかりのころは、動物の足跡について教えるには最高の時期となります。多くの本が、学校の近くで見つけられるかもしれない動物の足跡について教えてくれています。バーモント州にあるシェルバーン・ファーム社という出版社が刊行しているデボラ・パレラ（Deborah Parrella）著の『プロジェクト・シーズンズ[15]（*Project Seasons*）』という本は、動物の足跡を調べるのにとりわけ役に立ちます。この本によって、足跡や足跡のパターン、足跡が見られる場所、足跡を確認する方法を生徒は学ぶことができます。

ある冬のことですが、学校の近くにある森に調査に出掛けたとき、生徒たちと私はシカの足跡がくっきり残っている状態を目にしました。その足跡を追跡したところ、森の中の奥まった場所に辿りつきました。そこには、雪がえぐられたようになっているところがたくさんあり、明らかに、シカがそこで眠っていたことを示していました。

足跡を調べて、シカが行ったところを観察することによって、私たちはシカについての物語を語れるようになりました。その場所に行ったことは何回かありましたが、これまでシカがいることを表す、このような証拠を見つけたことはありませんでした。雪が、森の生き物について多くのことを明らかにしてくれたのです。

年間を通して、私たちは図鑑に書き入れるデータを収集しています。秋が深まるころには、生徒は『ピーターソンの初めての図鑑（*Peterson's First Guides*）』シリーズ（未邦訳）になじんでいます。のちに生徒は、野外に関する図鑑をつくるようにすすめられます。たとえば、鳥の図鑑であればどの季節でも書けます。とりわけ、たくさんの鳥が近くの餌場を訪れるときは書きやすいでしょう。また、昆虫やクモの図鑑も書けるでしょう。

私たちは、生徒が図鑑をつくる際に、何を書くべきかについて示した契約書（**資料5－3**）を使用するようにしています。参考までに、図鑑の記事用シートを**資料5－4**として示しました。

一年中、生徒は野外調査地点の気象データを記録するといったことも行っています。気温という簡単なものから、より複雑な風、気圧、湿度まで、生徒は測定器具を使って環境に関する情報を集めています。どういうわけか、雪が降ると学校の測候所は人気が高まります。

私たちは、学校の近くにある池の水温をずっと測ってきました。温度計を持った生徒たちが池の周りの数か所に散らばって水温を測り、教室にデータを持ち帰って平均温度を出します。そして、月間の水温データをグラフにして、水温が高くなったり、低くなったりしている様子をひと目で分かるようにしています。

---

(15) この本は未邦訳です。動物の足跡についての本としては、『雪の上のあしあと』（恒文社）、『雪の上のなぞのあしあと』（福音館）、『だれのあしあと』（大日本図書）などがおすすめです。

資料５－３　図鑑執筆についての教師と生徒との契約

教師と生徒との契約(注)

契約番号＿＿＿＿＿＿＿＿＿＿　　日付＿＿＿＿＿＿＿

〇〇は、以下の長い期間にわたる課題（図鑑の執筆）を、××（日付）までに実行することに同意します。

担任教師は、いくつかのクラス課題を免除することによって、その分のクラス時間を生徒に提供することに同意します。

この契約課題の遂行のためには、家での補習時間も必要に（なる・なるかもしれない・ならない）。この契約を実行するためには、以下のことを行う。

・生徒は、野外教室で五つ以上の植物か動物の種類を見分ける。
・生徒は、野外教室に生息する植物や動物を記述した図鑑を書く。図鑑のタイトルの例は次のようなものである。生徒が選んだ別のタイトルでもよい。

天然林の植物／池の動物／草地の昆虫

・図鑑の記事用シートは、取り扱っている植物か動物についての情報を表すために用いる。
・図鑑の表紙には、図鑑のタイトルと著者名を書く。
・タイトルのページには、タイトル、著者、刊行の日付を書く。
・参考文献についても書く。
・図鑑の最終版には、誤字脱字などのミスがまったくないようにする。

生徒は、この契約を実行するために全力を尽くすことに同意します。

生徒の名前＿＿＿＿＿＿＿＿＿＿＿＿＿＿＿＿＿

保護者の名前＿＿＿＿＿＿＿＿＿＿＿＿＿＿＿＿

教師の名前＿＿＿＿＿＿＿＿＿＿＿＿＿＿＿＿＿

クラス名＿＿＿＿＿＿＿＿＿＿＿＿＿＿＿＿＿＿

注：ここでの「契約」は、生徒と教師の間で交わされます。教師は、生徒が自発的な課題の探究に十分取り組めるように授業における課題の一部を免除して、探究のための時間を保障します。「契約」について詳しくは、第８章を参照してください。

資料5－4　図鑑の記事用シート

タイトル　○○の図鑑

（どちらかに丸をしなさい）　動物　植物

著者＿＿＿＿＿＿＿＿＿＿＿＿＿＿

一般名＿＿＿＿＿＿＿＿＿＿＿＿　学術名＿＿＿＿＿＿＿＿＿＿＿＿

説明＿＿＿＿＿＿＿＿＿＿＿＿＿＿＿＿＿＿＿＿＿＿＿＿＿＿＿＿

生息場所＿＿＿＿＿＿＿＿＿＿＿＿＿＿＿＿＿＿＿＿＿＿＿＿＿＿

それは何を食べるか／何がそれを食べるか＿＿＿＿＿＿＿＿＿＿＿＿

＿＿＿＿＿＿＿＿＿＿＿＿＿＿＿＿＿＿＿＿＿＿＿＿＿＿＿＿＿＿

行動＿＿＿＿＿＿＿＿＿＿＿＿＿＿＿＿＿＿＿＿＿＿＿＿＿＿＿＿

＿＿＿＿＿＿＿＿＿＿＿＿＿＿＿＿＿＿＿＿＿＿＿＿＿＿＿＿＿＿

サイズ（測定結果）＿＿＿＿＿＿＿＿＿＿＿＿＿＿＿＿＿＿＿＿＿

＿＿＿＿＿＿＿＿＿＿＿＿＿＿＿＿＿＿＿＿＿＿＿＿＿＿＿＿＿＿

スケッチ

面白い事実＿＿＿＿＿＿＿＿＿＿＿＿＿＿＿＿＿＿＿＿＿＿＿＿＿

＿＿＿＿＿＿＿＿＿＿＿＿＿＿＿＿＿＿＿＿＿＿＿＿＿＿＿＿＿＿

＿＿＿＿＿＿＿＿＿＿＿＿＿＿＿＿＿＿＿＿＿＿＿＿＿＿＿＿＿＿

＿＿＿＿＿＿＿＿＿＿＿＿＿＿＿＿＿＿＿＿＿＿＿＿＿＿＿＿＿＿

野外教室への訪問は年間を通して行われています。野外での経験を共有すればするほど、クラス内のコミュニティー意識と連帯感が強まります。それに加えて、生徒がそこに見られる動植物について知ることになり、それらを愛するようになることを促しています。情感に触れる経験をすることによって、生徒は動植物について知るだけでなく、気にかけるようにもなるのです。探究と野外、そして子どもたちは根っからの友だちなのです。

> たしかに、人間と動物を隔てる深い溝はある。（中略）その深い溝に橋が架けられるとすれば、それは理解力をもった人によってなされるにちがいない。しかし、私たちは理解する前に知らなければならず、知る前に愛さなくてはならない。私たちは、ほとんど惹かれるところがないものであっても、命あるあらゆるものを愛さなくてはならない。
>
> ジャック＝イヴ・クストー(16)

探究実践例——天然の抗生物質の探究

学校以外のところでは、子どもたちは国語や算数や理科というような教科に分けて物事を考えたりはしていません。彼らは、どんな課題に対しても、自分がもっている学習能力を統合的に用いて臨んでいます。しかし、どういうわけか教師は、学校での一日を教科でぶつ切りにする傾向があります。探究が自立的なものであるがゆえに、一見異なる学習領域の間に結びつきを見いだすのは、むしろ生徒のほうなのです。こうした結びつきは革新的なもので、まったく予期しなかった結果を生むことがあります。

ケイシーは、抗生物質の調査に取り組んでいました。このテーマは小学生にとっては高度なものに思えましたが、抗生物質をつくっている製薬会社「ベクトン・ディッキンソン」の科学者であるバーブ・ブラッドリーとジョン・ヘジナに会ってからは、何人かの生徒が同じく関心をもつようになりました。

生徒たちは、抗生物質が細菌を殺す化学物質であることを学びました。また、生徒たちは、培養菌を使ってさまざまな抗生物質の実験もしています。実験のプロセスは単純なものです。まず、寒天でつくられた「寒天平板培地」に培養菌を筋状に植え付けます。そして、小さなペーパーディスク（直径約五ミリの円形ろ紙）を、抗菌性を試験する液体に浸します。その

（16）（Jacques-Yves Cousteau, 1910～1997）フランスの海洋学者。海底世界を描いたドキュメンタリー映画やテレビ番組で多くの傑作を生み出しています。

ディスクを、培養菌が植え付けられた寒天平板培地(かんてんひらいたばいち)に置きます。

一二時間から一八時間後に、この寒天平板培地を調べます。寒天平板培地は培養菌で覆われていますので、ディスクに染みた抗生物質が有効なら、ディスクの周囲には培養菌の成長が阻止された透明な区域が現れることになります。このプロセス（こうした実験に必要な安全への配慮も）をいったん理解すると、生徒たちはこの実験を続けることが可能となり、さらに抗生物質に関する研究を進めていくことができるのです。

ケイシーは、抗生物質の発生源に興味をもちました。製薬会社が細菌と闘う薬をつくっていることを知った彼女は、それとは別の発生源を発見することができるかどうかについて知りたいと思いました。ケイシーがこうした可能性について考えていたころ、私たちのクラスは野外教室の森を数回訪れています。もちろん、ケイシーも一緒です。

クラスメイトのキャサリンがケイシーの探究に関心をもつようになりました。一年前、キャサリンは、自らが培養していた菌がカビに攻撃されていることに気づいています[17]。抗生物質の調査を続けたいと思っていたケイシーに、キャサリンは自分の経験を伝えました。この二人の生徒は、熱帯雨林がさまざまな薬の供給源であることを知っていました。この点で、つながりができました。天然の抗生物質が見つかるかもしれない野外教室への訪問と、教室での細菌研究が結びついたのです。森で天然の抗生物質探しがはじまると、ケイシーとキャサリンだけでなく、この二人の探究に加わった生徒たちが「挫折と驚きに満ちた旅」に導かれていったのです。

二人はまずネギを試してみました。培養菌の培地を準備し、ネギをペーパーディスクに浸すために摺り下ろしてジュースにしました。翌日の朝、ディスクの周りに透明な区域ができているのを見つけて、少女たちは興奮しました。ネギのジュースはまちがいなく抗菌性をもっていたのです。ケイシーとキャサリンは、この発見を誇りに思いました。

「そうだね。でも、ペーパーディスクだけでは細菌の成長を抑えられないということはどうして分かったの?」と、私は尋ねました。「対照実験をしてみた?」

ケイシーとキャサリンは互いの顔を見合わせ、自分たちの実験に欠陥があったことを認めました。彼女たちは対照実験の大切さをすでに学んでいたのですが、実際の研究における対照実験の必要性については初めて知ったのです。これが、彼女たちの挫折経験のはじまりでした。

二人はテーブルに戻り、昨日の残りのネギを使って実験を再現してみました。今回は、ネギのジュースに浸したディスクの実験に加えて、なんの液体も含まないディスクで対照実験

(17) キャサリンがカビの殺菌能力を発見したことについては第8章(一八二～一八四ページ)を参照してください。

をしてみました。翌朝、私たちは細菌の状態を観察しました。細菌が、両方のディスクの端のところまで成長していたのです。

「何が起こったの？」ケイシーが尋ねました。「液体に浸していないペーパーディスクは抗菌作用がないと思っていたけど、どうしてネギのジュースに浸したペーパーディスクも抗菌作用がなかったの？」

キャサリンも同じく戸惑っていました。クラスの全員が、どうなったかを知ろうと周りに集まってきました。

「たぶん、ネギのジュースが古かったんじゃないの」と、誰かが言いました。

「あるいは、ネギの違う部分を使ったからかもしれないよ」と言う生徒もいます。

ケイシーとキャサリンはもう一度実験することにし、ネギを取るために森に行きたがりました。しかし、残念なことに、天気が回復するまで森に行くことはできませんでした。

一〇日後、二人は新しいネギを取ってきました。注意深く手順を踏んで、ケイシーは前回と同じ実験を行いました。しかし、ネギのジュースは今度も抗菌作用を示しませんでした。

「最初に実験したときと、何かが違う」と、ケイシーは言いました。「でも、何が違うのか分からない！」

この実験に興味をもったほかの生徒たちから、次々に意見や質問が出されました。

「森の違う場所からネギを取ってきたからじゃない？」と、ある生徒が言いました。
「最初のときのネギは、何時頃に取ってきたの？」
「そのときの天気はどうだった？」と、誰かが尋ねました。「雨が降ったので、ネギの抗菌力が弱まっちゃったんじゃないか」

ケイシーは最初に成功したときの詳細をすべて覚えていなかったので、イライラしていました。「全部をちゃんと書いておけばよかった」と、彼女がつぶやくのを私は聞いています。「そうすれば、そのときにさかのぼって、どこが違っているのか分かったのに。これからは、**全部**書いておくことにする！」

――もっともよい授業は、生徒自身が学んでいく授業なのです。

ケイシーとキャサリンは、森から採取してきた数十種の植物を実験してみましたが、どれも成功しませんでした。そして、ある日、ケシの一種で「サンギナリア」という早咲きの植物を探すために私たちは森に行きました。くっきりとした白い花は一～二週間だけ咲き、春の前触れとなります。

その植物には、ネイティブ・アメリカンがさまざまな皮膚病に対して、オレンジ色をした根のジュースを用いていたという言い伝えが残っています。ケイシーとキャサリンは、サンギナリアが天然の抗生物質だったからかもしれないと考えたのです。

彼女たちは慎重に、サンギナリアの根からペーパーディスクを浸すに十分となるジュースを取り出しました。そして、実験の手順を終えたあと、二人は翌日の結果が気になって仕方がないという状態でした。サンギナリアの根のジュースに浸したディスクの周りに、はっきりと透明な区域が生じていることを見つけたときの彼女たちの興奮は凄いものでした。「そして、対照実験のディスクでは、ディスクの端まで細菌が成長していました」と、ケイシーは誇らしげに報告しました。

ケイシーとキャサリンは、その年の五月に開かれた「子ども探究大会」において、この物語を報告しています。彼女たちの忍耐は報われ、彼女たちの発見がみんなを大いに刺激したのです。

第2部

火を見守る
——年間を通して探究を支える

生徒が探究理科を行っていくにつれて、彼らの能力は物事の関連とパターンを見抜けるレベルにまで達していきます。すべての新しい経験は、新しい問いと探究の可能性を引き出します。探究のキャンプファイアは、それ自身で燃え続けていくようになるのです。また、さらに明るく燃えるように、自分自身を持続させていくのです。

このときまでには、生徒は問いと発見のプロセスにすっかり通じています。彼らには、自らの問いをつくり出す際のモデルとなる教師とクラスメイトがいますし、問いを記録するためのクエスチョン・ボードもあります。学年の早い段階で探究をやり出した生徒は、日頃の発表や発見ブックに記入することによって、クラスメイトに発見したことを伝えています。

また生徒は、過去の冒険についても読んでいます。「子ども探究大会論文集」は参考文献として用いられ、過去における生徒の探究経験を物語っています（子ども探究大会とその論文集については第9章で詳しく述べます）。発見ボックスのフォルダーには、過去に実施された実験や観察が保管されています。生徒は、これらによって徐々にコミュニティーの一員としての意識をもつようになります。最終的に自分たちも、自らの物語や発見が将来の生徒に読まれることによって、そのコミュニティーに貢献することになるのです。

ここまでは、教師の役割は指導者や案内人というものでした。薪を集めて焚き火の準備をするのは教師でした。問いが発展し、どんなことができそうかをイメージできるような学習環境を教師が提供してきたのです。そういう意味で教師は、クラスに対して「考え聞かせ」[1]や刺激的な質問をすることによってモデルを示す科学者であると言えます。

しかし、学年が進むと、生徒と教師が演じる役割は変化をしはじめます。徐々に教師は、生徒の背後から指導するようになります。確かに、機会や素材を提供したり、見守ったり、評価をしたりはするのですが、生徒がどこに向かって進むのかについて決めるのは教師ではなく本人になるのです。過去の経験や、自らの好奇心や問いに答えることによって、生徒は自立性を高めていくのです。そして、やがて教師は管理することを一切やめ、生徒が科学者として自ら考え、実際に**科学者そのものであること**を示すときが訪れます。

キャンプファイアの焚き火は、無理やり燃やされるものではありません。できることは、適切な条件を整えることだけです。同じことが生徒にも言えます。生徒に無理やり好奇心をもたせたり、質問をさせたり、探究をさせたりして、そこでの発見を記録させることはできないのです。適切な条件をつくり出すことによって、これらすべてがなされるのです。

焚き火をかき混ぜるといった行為をいつやめるのか、また、ひとりでに燃えるようにさせるの

(1)「考え聞かせ」については、四三ページの注(9)を参照してください。

がいつなのかを見極めることは難しいでしょう。しかし、教師が生徒のなかに潜む科学者の本能を信頼していれば、生徒自身が自分を科学者として確信するときが必ず来ます。そうなれば、生徒に与えられるすべての新しい経験は探究の新しい機会となるのです。

第6章

カリキュラムを使いこなす

「このクラスは五年生なので、生徒は電池を使ってはいけない。電気については、すでに四年生のときに習ったのだから」

「生徒に、何をすべきかを決めさせてはいけない。彼らはサボろうとし、何もしないでいようとするから」

「学年をまたいでテーマを追うには、あまりにも忙しすぎる。それに、そんなことをしたら生徒が退屈してしまう」

同じようなコメントを職員室で聞いたことがありませんか。科学は単に知るものではなく、子どもたちが**するもの**でもあるということを頑なに認めない教師たちが実際にいます。探究理科における目標の一つは、生徒が自分で問いを立て、探究する気にさせることです。しかし、多くの教師にとっては、こうした目標は非常にハードルの高いものとなります。

これらの教師は、探究理科を教室で成功させることは難しいと決めてかかっています。探究理科のための素材を準備すること、そして教師としての管理権を手放すことは、彼らにはとても対応できないことのようです。さらに、多くの教師は、中学生になるまでは自力で探究することはできないし、質の高い実証的な問いを立てることもできないと断言しています。[1]

探究理科には、生徒に単に素材や本を与える以上のものが含まれています。とはいえ、探究ができるまでには準備を要します。生徒は生まれつきの科学者であるとはいえ、科学のプロセスを自覚できるようにならなければなりません。科学は知識と理解を広げる体系的・論理的な方法である、と生徒が納得していることが探究するための必須条件となります。

生徒は、関連づけ、パターンに気づき、意味ある探究と発見につながる質の高い問いを立て続けられるようにならなければなりません。これまでのところ探究理科は、多くの教師が教えなくてはならない標準的な理科カリキュラムの一部にはなっていません。いかにすれば教師は探究を実行しつつ、カリキュラムの要請も満たすことができるのか？ その答えは、カリキュラムを目的（到達点）としてではなく、導入（出発点）として用いるところにあります。[2]

理科のカリキュラムは、探究にとって価値のある道具となります。実際のところ、カリキュラムは予備知識として重要な内容を与えるだけでなく、生徒が探究にとりかかるために必要とされるスキルを向上させてもくれます。

多くの教師はカリキュラムのことを、生徒（と教師自身）がほかの方法では立ち入れないような領域に案内するための「命綱」と見なしています。教師も生徒もカリキュラムから多くのことを学べます。しかし、カリキュラムは教師も生徒も関心をもてず、重要とも思えないようなことをするよう求めることもあるので、生徒も教師もカリキュラムに拘束されていると感じているのです。事実、理科のカリキュラムは真の科学からはかけ離れたところで時間を使っている、とまで主張する教師もいます。

カリキュラムは生徒たちのことを知らない人々によって書かれたものであり、厳格に段階を踏んで進むよう、理科の教師に課しています。こうした現状では、カリキュラムが生徒の関心や必要に合わせるのではなく、生徒がカリキュラムに合わせることになってしまいます。

教師の手元にある数多くの道具と同じく、カリキュラムもさまざまな方法で使われるために存

---

(1)　日本の中学校の教師は、高校になるまで、高校の教師は、大学になるまで無理だと言っています。

(2)　ここでは、「end」という言葉がもつ「終わり」と「目的」という両義性が生かされています。カリキュラムを「目的」としてではなく「導入」として使うということは、すぐあとで述べられているように、カリキュラムを自己目的化するのではなく、探究のための「道具」として用いるという考え方を表していると言えます。

在しているはずです。カリキュラムは、科学の内容やスキルを提供するだけでなく、生徒がそれ**自体を越えて**なし得ていることを強化するためにあるものです。

すべての教師は、生徒の探究を促進するためにカリキュラムを利用することができます。探究に基づいた調査活動に取り組んでいる生徒を肩越しに覗くと、カリキュラムで求められているものがいかに探究のプロセスを強化しているかについて分かります。

洞窟調査

ジョーとブラッド、そしてマイクは地学を学んでいる五年生です。彼らが所属している小グループは、教育委員会が提示している理科のカリキュラムにある、天気や侵食のテーマに関するいくつかのハンズオン活動（一一〜一三ページ参照）に参加してきました。そうした活動の一つとして、風化作用がどのように起こるかを調べるために、石灰岩の破片に酸性の水溶液を注ぐという実験がありました。この実験の目的は、酸性の水溶液が化学的な風化作用の過程でいかに石灰岩を崩壊させるのかを示すことです。

学年の最初に、クラス全員で石灰岩が埋まっている採石場を訪ねました。生徒たちは石灰岩について、何からできていて、どのように形成されるのかについて説明を聞きました。また、石灰岩の用途や、石灰岩がいかに酸性雨によって破壊されているかについても話してもらいました。

三人の生徒たちは、地学の単元に対応した発見ボックスを使ってすでに学んでいました。その発見ボックスには、広口の瓶、酢、pH（水素イオン指数）試験紙、石灰岩の破片、他の岩石や鉱物など、さまざまな素材が入っています。あるとき、三人はベビーフードの瓶に石灰岩の破片を入れ、酢を注いでから瓶に風船をかぶせました。彼らは、酸が石灰岩の中の炭酸カルシウムと反応したために発生した炭酸ガスによって風船が膨らんでいく様子を見ました。

クラスでの話し合いや、私との個人的な会話によると、おそらく三人は、以前に見たり聞いたりしたことのすべてを関連づけていたと思われます。彼らは次のように考えていました。もし、地下に石灰岩が埋もれており、石灰岩が酸に侵されやすく、雨が酸性であるとするならば、地下にある石灰岩は雨水に含まれている酸によってやがては溶かされてしまうのではないだろうか、と。

単元としての地学の活動は、彼らがこうした問いを発するかなり前に終わっていました。しかし、三人の心の中ではこの「問い」が終わることはなかったのです。彼らは、これらの問いにとりつかれていました。理科のカリキュラムがヒントを与えなければ、彼らがこれらの問いを思いつくことはなかったでしょう。

三人の生徒は、それからさらに一歩進めました。知っていることに基づいて、彼らはさらに多くのものを見つけようとしたのです。

——酸が地下の石灰岩に到達したとき、実際に何が起こるのだろうか？

ジョーが洞窟の形成に関する本を見つけて、ほかの二人に見せました。ブラッドは以前に洞窟を訪ねたことがあり、そのとき、「洞窟は、岩石が溶解したためにできたのだと思った」と言いました。三人は、自分たちで洞窟の形成過程を知るための模型をつくってみることにしました。彼らの問いは、「洞窟は、どのようにして石灰岩のなかで形成されるのか？」です。

この問いは、カリキュラムや発見ボックスという教師中心の活動から生徒自身による探究へとダイナミックに移っていることを表しています。私はそれに立ち会っているのですが、私の役割は、少年たちの間でアイディアが成長し、進化するようにサポートするところにある、と確信しました。そして、カリキュラムを通じて探究のプロセスを稼働させました。今や、生徒たちが探究の主体となっていたのです。

三人は、破片よりも粉末状のほうが早く溶解すると考え、粉末状の石灰岩を入手しました。石灰岩の溶解過程は長時間となるので、なんとか溶解の速度を速めたいと考えたわけです。彼らは、底に排水口があるプラスチックの瓶の中に、表面を粉末状の石灰岩で覆った砂利を入れました。石灰岩の上に仕切りを置き、その上に土と砂利を乗せました。これで彼らの模型は完成しました。数日間にわたって生徒たちは、模型に酢と水の混合溶液を注意深く注ぎました。教室の実験で用いたのと同じ割合の溶液を使いました（注ぐべき正確な量について、彼らの間で大いに議論がされています。酸性度が高すぎると公正さを欠いた実験になってしまうし、酸性度が低すぎると、結果を得るのに膨大な時間がかかってしまうからです）。

三人は、粉末状の石灰岩が溶けはじめる様子が見られることを期待していました。数日後、浸透する酸によって、瓶に置かれた石灰岩に空洞ができました。そこで彼らは、注がれた溶液のpH（水素イオン指数）を測り、模型の底から排水される液体のpHと比較しました。石灰岩が溶けているために排水のほうがpHは高いはずだ、と彼らは推測したのです。

こうしたプロセスにおける私の役割は何でしょうか？　私は、最初のアイディアを思いつかせ、考えることを促す「問い」と「互いに相反する考え方（ジレンマ）」を提起し、必要な素材とそれらを使うための時間を提供しました。一方、カリキュラムは、探究が進展するための土台を提供することによって、私と生徒たちを支援してくれたのです。

到達目標との関連

教室での探究のテーマはさまざまなところから生まれます。既成のカリキュラムは生徒たちの絶えまない好奇心を刺激するために利用できます。さらにカリキュラムは、探究のために使える時間と情報源を**支える**ものともなります。

ほとんどのカリキュラムは、さまざまな到達目標[3]を指針として書かれています。また、『プロジェクト2061——すべてのアメリカ人のための科学[4]』を刊行した全米科学振興協会[5]は、カリキュラムの執筆を援助してきました。科学的リテラシーの向上は、教室に探究を組み込むことに直接つながっています。

全米研究協議会[6]が刊行した『全米理科教育到達目標』(一九九六年、以下『到達目標』)は、各教育委員会が理科のカリキュラムと評価の資料を改善するための詳細な設計図を提供しています。この『到達目標』は、理科教授法、理科教員の専門性向上、理科教育評価、理科学習内容、理科教育計画、理科教育体制という六つの領域における到達目標を提示しています。

『到達目標』の全体を通して、その主旨は明らかです。生徒は科学的探究を通じてもっともよく学ぶ、というものです。そこでは、「生徒の経験から発した本物の問いに対する探究は、理科教育の中心的方策である」と、述べられています。また、『到達目標』には、教師が理科教育で何を理解し、何を行えるようにしなくてはならないかについても記述されています。

教育到達目標A——理科教師は、生徒のために探究に基づいた理科プログラムを計画する。

教育到達目標B——理科教師は学びを案内(ガイド)し、促進(ファシリテート)する。

教育到達目標C――理科教師は、自分の教え方と生徒の学び方を継続的（形成的）に評価し続ける。

教育到達目標D――理科教師は、理科を学ぶために必要な時間、場所、資源を生徒に提供するための学習環境をデザインし、管理運営する。

教育到達目標E――理科教師は、理科の学習者のコミュニティーを発展させる。学習者のコミュニティーは、科学的探究を知的に真摯に行うことと、科学の学習に資する態度や社会的な価値とを反映したものである。

（3）スタンダード（Standards）を、日本の教育現場での用語を考慮して、「到達目標」と訳しました。

（4）『プロジェクト２０６１』は、二〇六一年のハレー彗星到来までにアメリカ人の科学リテラシーを育成するための勧告という趣旨で刊行されました。

（5）（American Association for the Advancement of Science）科学者間の協力を促進し、科学的自由を守り、科学界からの情報発信を奨励し、全人類の幸福のために科学教育をサポートする組織で、科学雑誌『サイエンス』の出版元でもあります。

（6）（National Research Council）一九一六年に設立されたアメリカの学術機関で、全米科学アカデミー（National Academy of Sciences・一八六三年に設立）、全米技術アカデミー（National Academy of Engineering・一九六四年に設立）、米国医学研究所（Institute of Medicine・一九七〇年に設立）の実働部隊であり、これら三組織とともに「全米アカデミーズ」を構成しています。アメリカにおける理科分野での情報発信をもっとも活発に行っています。

このような到達目標が教室における活動を本物にし、コミュニティー感覚を促進します。真に科学的な探究から生じる自立性は、生徒にオーナーシップ(7)をもたらすことになります。オーナーシップは、科学を体験し、科学のプロセスに積極的に取り組むうえにおいて必須のものとなります。

理科教育界が探究を高く評価するようになったのと同じく、ほかの教科も到達目標や基準に探究の要素を加えるようになってきています。

全米数学教師協議会（National council of Teachers of Mathematics）は、数学における探究を促すカリキュラムと評価の標準を刊行しています。数学の学習を、子どもたちが積極的にかかわるべきプロセスとしてとらえたうえで、探索する、正当性を示す、表現する、解決する、構成する、議論する、利用する、調査する、記述する、発展させる、予測するなどの動詞が指導書に何回も出てきます。これらの動詞が表しているプロセスは、「カリキュラムの内容を学ぶ際、生徒がこうした積極的な身体的・精神的な関与をすることを伝えるために用いられている」となっています。

すべての知識は、誰かが問うたことの成果です。探究理科は、「問い」を立て、その解決を求めてアイディアを修正し、再度問うという習慣が生徒のなかに形成されることを促進しているのです。

カリキュラムを重視する立場への応答

「このクラスは五年生なので、生徒は電池を使ってはいけない。電気については、すでに四年生のときに習ったのだから」

本章の冒頭に掲載したコメントですが、一見したところもっともな懸念です。否定的かつ批判的に聞こえますが、このコメントはおそらくカリキュラムの意図についての誤解から生じたものと思われます。

カリキュラムは、重要な概念（考え方の枠組み）について、すべての生徒が必ず教わるようにつくられています。そのため、それらの概念は各学年の水準にあわせて割り振られています。しかしながら、重要な概念はのちの学年でも保持され、用いられるべきです。

学習理論では、応用することを知識獲得の重要なプロセスとして評価しています。探究で電池やミールワームを使うことは、カリキュラムに明示されていなくても優れた教育実践なのです。

（7）（ownership）目標や課題を「自分のもの」として主体的に捉え、強い情熱と責任感をもって取り組む姿勢のことです。

電池やミールワームがカリキュラムの一環として前の学年で学ばれていた場合は、生徒はそのときに得た知識を発展させることになり、さらに彼らの理解が深まることでしょう。最善のカリキュラムは、以前学んだ概念を排除することなく、それらを含み込むようにつくられています。

「生徒に、何をすべきかを決めさせてはいけない。彼らはサボろうとし、何もしないでいようとするから」

同じく二番目のコメントです。カリキュラムが生徒たちの学習を段階ごとに保証しているという考え方は、多くの教師たちに安心感を与えています。しかし、しばしば生徒たちは、「やれ」と言われたことを行っているだけだったり、プロセスの意味を理解しないまま教科書に書かれている手順に従ったりしているだけという場合があります。時に、こういう状態は、「手は動いているが、頭は働いていない」と言われたりします。

実際のところ教師には、生徒を信頼しても大丈夫だ、という自信が必要となります。探究に役立つ本を探して教室にある図書コーナーの前に立っている女子生徒は、自分で探究テーマを決め、どこで文献を探せばいいかを知り、論理的な選択を行うという複雑な思考に取り組んでいます。このような状態は「何もしていない」ということではありません。これこそが学びなのです。

「学年をまたいでテーマを追うには、あまりにも忙しすぎる。それに、そんなことをしたら生徒が退屈してしまう」

同じく三つ目のコメントです。どういうわけか教師たちの間では、「一回で十分」という神話があるようです。電気は四年生、岩石は五年生、といったようにです。同じテーマを繰り返すことは、生徒たちから「それは**すでにやりました！**」という叫び声が上がる危険を犯すことになります。

しかし教師は、毎年、こうした生徒たちに家で自分の庭づくりをするように教えています。生徒は、庭のレイアウトをデザインし、植物を選び、ウサギが彼らのインパチェンス(8)を食べてしまったときにも対応しています。生徒は、決して飽きることがないのです。同じ反復的学習にみえても、こうした違いが生じるのは、生徒がその学習に対してオーナーシップをもっているかどうかにあるのです。

生徒が問いへの答えを追い求めるとき、かつての学年で導入されていた理科のテーマを振り返ることもあるでしょう。しかし、そのときに彼らが行っている活動は教科書に書いてあるものではありません。彼らの活動は、実験したときに何が起こるか、ということに基づいているのです。

---

(8)　初夏から秋まで咲く、春まき一年草の花です。「アフリカホウセンカ」とも言われています。

第7章 言葉とのつながり

科学にはコミュニケーションがつきものです。科学者のコミュニティーは、コミュニケーションなしには成り立ちません。記録されないままの発見や観察はすべて消失してしまいます。科学者は常にコミュニケーションをとっているのです！

科学者は、自らの発見を記録するだけでなく、ほかの科学者の発見も探し求めています。つまり、私たちがしていることは、私たち自身やほかの科学者たちの成功と失敗の記録に基づいたものなのです。

生徒に、科学者と同じようにするように促すということは、コミュニケーションを有効に行えるように促すということを意味します。生徒が自らの経験について話したり書いたりするとともに、ほかの人たちの経験を聞いたり読んだりすることには、即効的で実質的な理由があります。

まさに言葉こそが、私たちが形成しているコミュニティーを成り立たせているからです。私たちの学校の主たる目標は、生徒がコミュニケーションをするためのサポートであり、探究理科は、生徒の間にコミュニケーションをする必要と欲求をもたらしています。

生徒の問いは、経験と観察、そして本から得た情報に由来しています。彼らは、時には思いがけない状況から問いを思いつくことがあるのです。

サラの問い

ある日、サラは、ベティ・マクドナルドの『こんにちは、ピッグル・ウィッグルおばさん』(1)を読んでいました。物語の登場人物であるメロディは、どんなことに対しても泣いてしまいます。メロディのお父さんは、「そんなに泣くなら、メロディを近所の芝生に涙で水やりをする役目にさせるよ」と言いました。それに対してメロディの弟であるコーネルは、「そんなことをしたら、涙のなかの塩分で芝が枯れてしまうよ」とこたえました。

---

(1)　この本は未邦訳です。『ピッグル・ウィッグルおばさんの農場』(岩波少年文庫)が翻訳されていますが、残念ながらメロディの物語は含まれていません。

ここでサラは読むのをやめて、塩水や涙が芝に塩害を及ぼすかどうかについて考えはじめました。なんて素敵な「実証できる問い」でしょう！　塩水は本当に芝を枯らすのでしょうか？　サラはすぐにその問いをクエスチョン・ボードに書き、それを確かめる方法を考えはじめました。「芝に塩水をかけてみることはできる」と、彼女は思いました。「でも、どれくらいの量の塩を使うべきなんだろうか？　涙の塩分濃度はどれくらいか？　海は？」といった、さまざまな問いが溢れ出してきます。

周りの環境のすべてから生徒が問いを見つけることを手助けする、これが探究理科を行う教師の目標です。読んでいる本から問いをつくり出すという行為は、生徒にとってはとても面白いことです。

資料7－1は、「理科と本とのつながり」と呼ばれるシートです。このシートがクラスで最初に用いられるのは、教師が問い方のモデルを示しながら行う「読み聞かせ」のときです。いったん生徒が要領を理解すれば、ほとんどゲームのように、生徒たちは互いにモデルとなるような問いをつくり出します。

たとえば、ローラ・インガルス・ワイルダーの『大きな森の小さな家』（講談社青い鳥文庫）を読み聞かせていると、物語のなかの子どもたちがクリスマスにミトンをもらったというエピソードに出合います。私はそこで読むのをやめて、手袋とミトンについて以下のように生徒に尋ね

資料７－１　理科と本のつながり

名前 ________________________________

本 ________________________________

著者 ________________________________

いつ読み終わったか ________________________

実証できる問い

あなたがた読んだ本をもとにして、実証できる問いを考えてみよう。

____

____

____

その答えはどうなるか考えなさい。また、どうしてそうなるか、考えてみよう。

____

____

____

あなたの問いに答えるための実験を工夫してみよう。

材料

____

____

第一にすること

____

____

第二にすること

____

____

第三にすること

____

____

追加：実際に実験をしてみよう。

発見ブックに実験結果を報告しよう。

ました。どちらのほうが暖かいだろうか？　色は関係しているだろうか？　材料の違いはどうだろうか？　どのようにして、これらの問いに答えを出すことができるだろうか？

これらは、読んだ本が問うているのではなく、本を読んで私たち自身が思いついた「実証できる問い」です。私が期待しているのは、生徒が本を読むことによって自らの問いを見いだし、それらについて探究していくようにすることです(2)。

「おすすめの本」をもっと活用する

教室にある図書コーナーの上段に置かれている科学読みもの、つまり「おすすめの本」は、探究理科に使われるだけでなく国語の課題や活動でも使えます。初めて科学読みものの価値に気づいたとき、私が感じた問題点の一つは、本が一冊ずつしかないということでした。教室に対象の本が一冊しかなかったら、その本を小グループで読んで、その内容について議論することが難しいからです。

このジレンマを解決するために、私は上段に置いている「おすすめの本」を特定のテーマごとにまとめておくようにしました。それぞれのテーマは八冊か九冊で構成されています。生徒たちはテーマを選び、関連する本を共有し、小さなブッククラブをします。数日後、生徒たちはその

テーマの本をすべて読み終えていました。(3)

生徒は本を使った活動のためのリスト（**資料7-2**）を受け取り、そのなかから行う活動を選びます。生徒に求められる活動の数は柔軟に設定されています。リストの二番目「科学読みものについての話し合いの筋書き」については、**資料7-3**に示しました。この活動は、読んだ本に基づいて生徒たちが話し合いをするときにとくに有効でした。

私は、リーダーの生徒を順番に選んだり、リーダーシップがあるかどうかによって選んだりしました。話し合いは生徒主導で行われますが、必ず教師がそれぞれのグループを見て回るようにしなければなりません。

「おすすめの本」は、生徒が書評を書くときにも非常に役立ちます。書評は、誰がどんな本を読(4)

---

(2) 読みながら問いを発することは、優れた読み手が普通に行っていることです。ほかにも優れた読み手がしていることがありますが、それについては『増補版「読む力」はこうしてつける』（新評論）および『理解するってどういうこと？』（新曜社）で明らかにされています。実は「読む力＝考える力」なので、本を読むことは科学的思考力をつけるのにも役立ちます。

(3) 著者はここで、「地球」、「宇宙」、「大気・気象」、「生きものたちのつながり」、「人と自然のかかわり」、「科学的思考」というテーマで、科学絵本を中心として五冊から八冊の科学よみものを紹介しています。しかし、それらのほとんどが日本語に訳されていませんので、同様のテーマで日本語の科学読みものを巻末に掲載しました。参考にしてください。

資料７－２　おすすめの本を使った話し合い活動の例

おすすめの本のテーマ

名前 ______________________________

活動 ______________________________

本のテーマ ______________________________

あなたが選んだテーマの本について、下に挙げた活動のなかからいくつかを選んで、それらをしてみよう。

1．テーマごとに集められた本のなかから２冊を選んで、ベン図にそれらの共通点と相違点を少なくとも三つずつ書く。
2．「科学読みものについての話し合いの筋書き」（**資料７－３**）を使って、話し合う。

ディスカッション参加者名：______________________________

日付 ____________________

3．本を読んで思いついた新しい問いを、１冊について一つ書く。読んだ本の題名と問いを書く。そのなかから、あなたの好きな問いをクエスチョン・ボードに書く。
4．１冊の本から発見した事実を一つ挙げる。その事実と、それを知った本のタイトルを書く。次に、ほかの本から同じ事実を見つける。その本のタイトルと著者名を書く。
5．選んだテーマの本のなかで、好きな本を紹介するポスターを描く。ポスターには本のタイトルと著者名を書き入れること（ポスターは、ほかの生徒たちが見られるように展示されます）。
6．選んだテーマの本のなかから１冊を選んで、その本の著者に宛てて（正しい書式で）手紙を書く（その手紙は、著者に渡してもらうために出版社に送られるかもしれません）。
7．選んだテーマの本のなかから、学校の図書館にもある本を挙げる。本のタイトル、著者名、デューイの十進分類番号を書く。
8．選んだテーマの本の題名を面白くないものから面白いものへ、順に書く。一番面白い本について、どうしてその本が一番面白いのかについて説明する。

9. 選んだテーマの本のなかから１冊を選んで、その広告を作成する。本のタイトル、著者名、出版社名を入れること。その本がどのように役立つかについて、短く説明した文と絵も書き入れること。その広告は、その本を注文するよう説得するために、図書館の司書に渡されるかもしれません。
10. １冊の本に対して、少なくても 10 項目ある索引をつくる。索引は「あいうえお」順に、ページ番号と一緒に書くこと。

あなたの活動は＿＿（日付）＿＿までに終了してください。

んだかについて教師が知るのに便利なだけでなく、クラスのフォルダーに束ねておけば、生徒が読みたい本を探すときの情報源にもなります。また書評は、国語教育にもそのまま適用できる学習活動にもなります。

エコロジカル・ミステリー

探究理科が体現されている本のジャンルの一つに「エコロジカル・ミステリー」シリーズがあります。これらの本では、自然環境に関する謎を解くために、登場人物たちはさまざまな問

（4）ここで言われている書評は、基本的に自分が紹介に値すると判断した本について、読者を想定しながら書くものです。それに対して、日本の国語教育でよく行われている読書感想文は、ほとんど読者を想定せずに書かれているように思われます。この二つの違いを詳しく知りたい方は、『イン・ザ・ミドル』（三省堂）の二九〇〜三一一ページを参照してください。

資料7－3　科学読みものについて話し合うためのシート

科学読みものについての話し合いの筋書き

教師の指示：グループで集まりましょう。リーダーはこの筋書きを使って、話し合いを進めてください。

リーダー　誰か、読んだ本について話してください。
生　徒　（読んだ本について話す）
リーダー　この本について話してみたいことがある人はいますか？
生　徒　（話し合うための時間をもつ）
リーダー　自分が読んだ、ほかの本について話したい人はいますか？
生　徒　（読んだ本について話す）
リーダー　この本について話してみたいことがある人はいますか？
生　徒　（話し合うための時間をもつ）
リーダー　誰か、今までの本について聞いてみたい、事実関係についての質問がありますか？
生　徒　（質問が出され、話し合う）
リーダー　（さらにいくつかの質問が出て、話し合えるようにする）
リーダー　誰か、因果関係という点からの質問をしてください。
生　徒　（因果関係についての質問をする）
リーダー　（さらにいくつかの因果関係についての質問が出て、話し合えるようにする）
リーダー　誰か、比較対照という点からの質問をしてください。
生　徒　（比較対照についての質問をする）
リーダー　（さらにいくつかの比較対照についての質問が出て、話し合えるようにする）
リーダー　誰か、本から思いついた質問がある人はいますか？
生　徒　（追加の質問がなされ、話し合う）
リーダー　グループとして、どの本を一番よいことにしますか？一番よいと思う本のタイトルを挙げて、その理由を説明してください。
生　徒　（ある本を一番よいとし、その理由を説明する）
リーダー　（ほかの本が一番よいという意見が出て、話し合えるようにする）

リーダー　私たちが読んだ本に書かれていることのなかで、２年生や３年生などの下級生に説明しなくてはならないことは何ですか？

（話し合うための時間をもつ）

リーダー　これで終わりにします。どうもありがとう。

リーダーへの依頼　話し合いをしたグループのメンバー名を、この紙の裏に書いてください。話し合いに貢献した生徒の名前に丸を付けてください。

いや課題と格闘しています。読者は、登場人物によって暴かれた手がかりや断片的な証拠について考えながら、なんとか謎を解決しようとします。

エコロジカル・ミステリーは、問いを立て、調査の一環として情報を集め、データに即して結論を引き出すことが重要だということを強く意識させてくれます。私たちが教室で行っている活動を支えるような本を見つけることによって、私たちの探究が正当なものであるという確信がもてるようになります。

子ども向けのエコロジカル・ミステリーのなかでも、ジーン・クレイグヘッド・ジョージはとくに面白い著者の一人です。『だれがコックロビンを殺したの？』（ゆうエージェンシー）や『ガンボ・リンボ林のいなくなったワニ』[5]などの本で、ジョージは登

（5）『ガンボ・リンボ林のいなくなったワニ』は未邦訳ですが、『雪の上のあしあと』（本書第5章参照）、『ぼくだけの山の家』、『フクロウはだれの名を呼ぶ』、『狼とくらした少女ジュリー』（ニューベリー賞受賞）などが日本語で読めます。

場人物を通じて、科学的探究がいかにエコロジカル・ミステリーを解くのに役立つかという手本を示しています。

学年の最初、科学的探究の土台づくりのために私は、ジョージの『ファイアバグの連鎖（*The Fire Bug Connection*）』（未邦訳）をよく読み聞かせています。この本の登場人物たちは、ホタルの一種である「ファイアバグ」が、成長したにもかかわらず翅（はね）が素晴らしい色にならないことについて不思議に思っています。

私のクラスの生徒たちも、本に描かれているミステリー探究の旅に付き合うことになります。物語のなかの子ども科学者たちは、ミステリーにおける興奮と失敗を共有し、彼らの謎解きを手伝ってくれる大人の科学者と出会います。生徒は、こうしたストーリー展開のなかで、容易に登場人物に感情移入をします。登場人物は、彼らにとっては最高の手本になります。生徒は、登場人物がどのように考えるのかを、そしてさらに重要なこととして、うまくいかなかったときにどのように**考え直す**のかを見届けるのです。

ジーン・クレイグヘッド・ジョージは、読者が考えるように、物語のなかにたくさんの科学的な事実を盛り込んでいます。たとえば、『ファイアバグの連鎖』に登場する一二歳のマギーは昆虫観察が大好きです。マギーのお気に入りの一つは、へっぴり（屁っ放り）虫です。この虫は、防御のために腹部で酵素と過酸化水素をつくり出します。刺激されると、へっぴり虫はまさにその名のとおり、一〇〇度もある化学物質の飛沫(ひまつ)を発射します。それがあるとき、マギーの手に当たって水膨れになりました。こうしたことが、子どもたちの興味を引き起こし、広範な一連の問いに導くのです。

読み聞かせの間、生徒は、どんなものであれ、心に浮かんだ問いをいつでもクエスチョン・ボードに書きに行くことができます。読まれた内容に生徒が即座に反応する様子に接することは感動的ですらあります。ちなみに、『ファイアバグの連鎖』の読み聞かせでは次のような問いが生まれました。

・へっぴり虫は学校の周りにもいますか?——ライアン
・へっぴり虫は、どうして酸と有毒な化学物質を体のなかにもっていられるのですか?——ザック
・ほかの種類の甲虫類は学校の周りにいますか?——キム
・へっぴり虫は、幼虫のときから酸を体のなかにもっていますか?——シーア
・甲虫類は、どれくらいの期間、生きているのですか?——ネイサン

これらは比較的単純な問いです。しかし、これらの問いはさらに多くの問いにつながる可能性をもっています。第一に、これらの問いは生徒の過去の経験と結びつきはじめているのです。さ

らに、いくつかの問いが校庭周辺の探索に向かっています。休み時間は遊ぶだけのものではなくなり、答えよりもさらに多くの問いをもたらす探索の時間となりました。問いを触発する本を利用することによって、生徒は普段行うことすべてのなかに科学との関連を見いだすようになったわけです。

読むことから書くことへ

生徒にとってもっとも大変な課題の一つが「書く」ことです。真っ白な紙に対峙すると、多くの生徒は何も書くことがないと感じてイライラします。

これまで生徒は、科学の書き手として、発見ボックスのフォルダーに入っている記録用紙に記入してきました。問い、調査の記述、スケッチ、集積されたデータがそこに書きつけられました。生徒は、自らのジャーナルにも書いてきました。彼らは過去の経験についてクエスチョン・ボードに問いを表してきました。また、ほかの生徒に読んでもらうために、発見ブックに自らの発見を記述してきました。これらすべての活動は、考えやアイディアを記録する優れた方法ではありますが、公式のものを書くプロセスからすればまだ準備段階でしかありません。

しばしば生徒は、ライティング・ワークショップ（**訳者コラム**参照）の一環として、自分たち

訳者コラム　ライティング・ワークショップ

75ページの注（3）でも触れましたが、「ライティング・ワークショップ」とは、従来の作文教育に代わる、より効果的な方法として1980年代の前半から英語圏で実践されている教育方法で、本物の作家がしていることを生徒たちがすることによって書くことが好きになり、書く力を身につけようとするものです。『ライティング・ワークショップ』（新評論）、『作家の時間』（新評論）、『イン・ザ・ミドル』（三省堂）などが参考になります。

生徒たちがその道のプロがしていることを実践することによって、その領域・教科を習得していく方法については、「作家」のような「よい書き手」を目指すライティング・ワークショップが先鞭をつけ、その後、読書家、数学者、科学者、歴史家などになることを通して、読むこと、算数・数学、理科、歴史など、それらの領域・教科を学ぶ方法が進められるようになりました。本書は、ワークショップ方式で理科を学ぶ試みと言えます。

がよく知っているテーマを選んで物語や作文を書くよう求められます。下書きを書くためにジャーナルやフォルダーを読み返すことは、生徒たちがアイディアをまとめる際に役立つでしょう。生徒がジャーナルやフォルダーに書いたものは、単なる課題ではなく、生徒がこれから行う探究活動のなかで実際に使われることになるかもしれません。

生徒自身が、そのことに気づくことが重要です。教師としての私の役割は、生徒に準備段階の書く作業をすでにしていることを気づかせて、気の進まない書き手を励ますことです。生徒は、どんな領域を探究するにせよ専門家そのものであり、それらのテーマについて書く力を十分にもっています。「探究活動をはじめる」という、もっとも大変なところはすでに経過しているのです。私たちのすべきことは、生徒が成し遂げたことをうまく伝えられるよう励ますことです。

伝統に則った科学の研究報告では、先行研究をしっかりと押さえるために、ほかの著者たちが書いたものから事実を本格的に収集するという作業が含まれています。ほかの科学者たちが発見したことについて読み、それを報告することによって、生徒はそのテーマを理解するようになります。この経験は重要です。科学者はすでに知られていることについて考察し、反応するのです。生徒は、自らの研究報告にしばしば「子ども探究大会論文集」に掲載されているものを引用しています。研究論文を書き、過去の生徒たちの書いたものを引用することは、教室における科学者コミュニティーの意識を一層高めることになります。

科学読みものを書く

生徒がほかの生徒のために書くとき、論文とは別の形のものも考えられます。科学読みものや科学絵本をモデルにして、彼らが探究し発見したことを考察するための絵本を書くこともあります。一つの例となるのが、ハンナとジュリーとティファニーが書いた『自分を金だと思っていた黄鉄鉱』です。

三人の著者たちは、理科のカリキュラムと自分たちの調査によって鉱石の性質について学んでいました。彼女たちは、金と同じように輝いていて美しいのに、金と比べるとほとんど価値がないために「ニセの輝き」と呼ばれている黄鉄鉱に魅せられていました。そこで三人は、自分を金だと思っている、自信満々の黄鉄鉱の絵本を描いたのです。

金であることを疑われて、黄鉄鉱は一連の鉱石テストを受けることに同意しました。著者たちは、理科の授業で彼女たちが用いた鉱石テストを記述しました。もちろん、クライマックスとなるテストは硬度テストであり、それによって黄鉄鉱が金ではないことが明らかになりました。物語の最後、「あるがままの黄鉄鉱が好きだ」と言ってくれるほかの鉱石たちによって黄鉄鉱は慰められます。

黄鉄鉱の絵本（その全部を、『サイエンス・ワークショップ[6]（*Science Workshop*）』の六八～七〇ページで見ることができます）では、たくさんの科学的事実が面白おかしく描き出されています。また著者たちは、鉱石の種類を見極めるテストの重要性をよく理解していることが分かります。彼女たちは、鉱物が実際とは違ったものに思われていても、専門家（それが地質学者であれ、

（6） Wendy Saul, Jeanne Reardon, Charles Pearce et al, *Science Workshop: Reading, Writing, and Thinking Like a Scientist* (2nd Edition), Heinemann, 2002　この本は未邦訳ですが、本書の出発点になっている本です。

生徒たちであれ）は一連の体系的なテストによって真の情報を見いだすことができるということを示しているのです。

生徒がこうしたことを理解しているかどうかがはっきり表れるので、評価することも容易となります。さらに、下級生も含めてほかの生徒に読まれる本を書くことによって著者たちは、綴り、句読点、文章技法などに注意するといったことの著述における本来の意味合いを理解するようになります。

エコロジカル・ミステリーを書く

生徒は、特定の文体やジャンルの本を読むことが楽しくなると、自分でもそうした本を書きたくなるものです。エコロジカル・ミステリーを読むことによって、従来のものよりも複雑なものを書きたいというように熱中することもあります。(7) ジーン・クレイグヘッド・ジョージは、『理科実験キットを超えて（*Beyond the Science Kit*）』のなかで次のように述べています。

「エコロジカル・ミステリーを書くことは、科学的研究を実際に書いてみることなのです。それは、科学的プロセスをミステリーと呼ばれる文学形態に変換することなのですから」

ジョージは、エコロジカル・ミステリーを書きはじめようとしている生徒たちのグループに、実際、このように語りかけていました。

校庭を探索したあと、生徒は観察したものから問題や問いをつくり出します。その答えや解決が、どのようなものかはまったく分かっていません。生徒が（読むことと観察することの両方によって）探究を進めていくにつれ、答えや解決が現れてくるかもしれません。しかし、ジョージが言うように、「科学者とは違ってあなたたちは、自分たちの物語をはじめる前に答えを知っているかもしれません。でも、優れたミステリー作家はそれを最後まで取っておくのです」。

ミステリーのテーマとしては、次のような問いが考えられます。

・なぜ、教室の水槽の魚は死にそうなのか？
・これは何の種で、どこから生じたのか？　どのようにしてここにあるのか？
・校庭には、オオカバマダラがどうしてこんなにたくさんいるのか？（あるいは、こんなに少ししかいないのか？）
・校舎の周りには、クモがどうしてこんなにたくさんいるのか？（あるいは、こんなに少ししかいないのか？）
・雪の上のこれらの足跡はどんな動物のものか？　その動物は、学校の近くで何をしていたの

（7）　Wendy Saul, Jeanne Reardon, *Beyond the Science Kit: Inquiry in Action*, Heinemann, 1996　これもウェンディー・ソールらによる探究的な理科教育を推進するための本ですが、残念ながら未邦訳です。

か？　これらの足跡が残されたことに何か物語はあるのか？
・池のぬかるみにいたこれらの昆虫は何か？　これらは別の姿に変態するのだろうか？
・この科学実験の結果は、予測したものとどうして違ったのだろうか？

第5章で述べた「『野外教室の生き物ブック』への収録申請シート」（一一二ページの**資料5－2**を参照）に記録されたデータからもほかの問いが生じるでしょう。ある種の生き物が減少していることが観察されたなら、そこからも問いやミステリーが生まれるはずです。

こうしたミステリーのもととなった問いに対する一つの解決策が、「森から倒木や落ちた枝を取り除く」といった新しいプロジェクトになるかもしれません。そのプロジェクトは、おそらく森をきれいにし、森林火災による被害をより少なくすることでしょう。しかし、それによってサンショウウオの住処（すみか）は減少してしまうかもしれません。

これらの問いと、その問いをもたらした状況は、観察と問いと問題設定に基づいた素敵なミステリーへと導くことでしょう。先ほど挙げた『理科実験キットを超えて』（この本は、とても狭い校庭にも対応しています）は、エコロジカル・ミステリーを書くための全般的なガイドブックと言えます。そこには、プロジェクトを触発するような生徒の実践例や図解による「まとめシート」も掲載されています。

助成金申請書を書く

探究理科の難題の一つは、進行中の探究を支えるために必要となるたくさんの教材を確保するための財源を見つけることです。助成金申請書を書くことによって生徒は、この財源探しに参加することができます。申請書のなかで彼らは、自分たちのプロジェクトが支援を受けるに値することについて説得しようとします。

応募可能な助成金はたくさんあり、地域でも特定の目的に応じた助成金が数多くあります。なかには、生徒の要望に対してとくに好意的なものもあります。しかし、生徒科学者たちには、すぐに手に入る少額の資金が必要でした。このニーズに合わせて、私は校内助成金という制度をつくりました。

私のクラスで電気とモーターに関する研究をしようとしていた生徒たちがいたのですが、彼らのために校内助成金が必要だと思ったのです。彼らは大きな灯火用の電池と数個の直流モーターを使う予定にしていましたが、いずれも理科教材置き場にはないものでした。次々に増えていく探究活動に対して個人的に資金援助をすることはできませんし、生徒の親も必要な教材を常に買うことはできませんので、探究を続けていくためには明らかに財源が必要でした。

私たちは「探究助成金プログラム」として、ＰＴＡに三〇〇ドル確保してくれるように依頼しました。これによる助成の流れは次のようなものです。

資料7－4　探究助成金申請書

マンチェスター小学校PTA御中

　科学的探究をしているか、あるいは計画しているマンチェスター小学校の生徒は、自分たちの探究を進めるための資金援助に応募することができます。PTA探究助成金審査委員会は、すべての領域の科学的探究に関心をもっています。下の空所を埋めることによって、あなたの探究について記述してください。

このプロジェクトに参加している生徒の名前

____

教師名______________　学年__________　日付__________

この研究が答えようとしている実証できる問いを記述してください。

____

____

____

____

____

予算：必要な物品、その量、だいたいの価格、購入先

物品	量	おおよその価格	購入先

申請助成金総額__________ドル

あなたのグループは問いに答えるために物品をどのように使おうとしていますか？
(探究の手順に従って書いてください。)

____

____

____

____

____

____

プロジェクトの実施スケジュール（開始日、だいたいの予定表、終了日を含む）を書いてください。

____

____

____

____

探究の成果についての評価計画を書いてください。（探究が成功したかどうかは、どのようにして分かるのですか？）

____

____

____

____

あなたのグループはほかの資金支援に応募していますか？
あるいは現在、支援を受けていますか？　もしそうなら、どこから受けているかを書いてください。

____

____

____

____

この資金申請が認められたら、プロジェクト終了時に報告書を提出しなくてはなりません。報告書には、実証できる問い、探究のために使った物品、探究はどのように行われたか、その結果はどうだったのかについて記入してください。

この助成金申請書にサインすることによって、生徒はここに書かれたことに同意し、この申請書に含まれている情報が正確であることを認めたことになります。

____

____

____

____

____

生徒科学者の署名

助成金申請への返答は２、３週間以内に送られるでしょう。

探究のための物品が必要な生徒は、探究助成金プログラムからの助成金に応募することができます。申請書の用紙（**資料7－4**）は、実際の助成金申請書の書式をもとにしてつくられたものです。生徒は、研究の出発点としての問い、必要な物品リスト、研究の進め方と評価の仕方を記入しなければなりません。助成金審査委員会によって助成が認められたら、生徒は研究終了時に報告書をＰＴＡに提出しなければなりません。これによって彼らが購入した物品は、電池、導線、化学物質（酢、コーンスターチ）、文房具（厚紙、特殊接着剤、テープ）でした。

助成金審査委員会の構成は、いくつかの形態が考えられます。教師と生徒で構成される委員会が定期的に集まって、申請を審査し、助成金を配分するという形もあるでしょう。あるいは、もっとプロセスを簡単にするには、一人ないし二人の教師、あるいはＰＴＡメンバーが審査するという形も考えられます。

形態がどのようなものであれ、助成金申請書は、明確にかつ漏れなく書かなければならないということが生徒にはっきりと伝わるような書式であることが肝心です。必要な情報がない場合や詳しく書かれていない場合には、申請書は申請者に戻されます。生徒は、助成金を出してくれるように他人を説得するには努力が必要だ、ということを実感します。彼らはまた、近代科学はただ**科学研究を行うだけではない**こと、今日の科学者たちはプロジェクトを行うための資金をまず見つけなければならないということを学びます。

早いうちからこうした事情を知ることは、のちのち必ず役に立ちます。さらに、実業界のリーダーたちが「もっとコミュニケーション・スキルを習得すべきだ」と繰り返し指摘しているわけですが、研究助成金申請書を書くという作業はまさにそのための実践的な方法となります。

第8章 さらなる探究活動

理科の探究アプローチを継続して実践するように助言・指導するためには、最初から多くの準備が必要となります。また、継続させるためには、たえず見守るという必要も出てきます。しかし、学年の中間点までに、生徒も教師もこうした努力が報われていることに気づくはずです。なぜなら、生徒は集中し、楽しみ、質問し、ほかの生徒の経験と探究から学ぼうとしているからです。そして、ほとんどの場合、彼らはもっと多くのことをしようとしています。

最初のころに行ったことをさらに展開していくことによって、探究のプロセスは新鮮なものに保たれます。新しい経験が探究の炎を燃やし続けるのです。私たちが行うすべてのなかに、問いと探究とさらなる発見の可能性が潜んでいます。ある段階になると、生徒は自分たちが科学者であることに何の疑いももたなくなります。

探究において彼らは、忍耐力とオーナーシップ（その探究が自分のものであるという意識）をさらに高めていきます。建設的なやり方でクラスの仲間と互いに質問しあうことによって、メンバーを手助けし、共通の目標を目指す活動的なコミュニティーを形成していきます。クラスによって進展の度合いは違いますが、生徒の歩みのスピードにはいつも驚いてしまいます。

発見ボックスを越えて

学年の中間点では、多くの生徒はより広範な領域の探究に関心を示します。自らの想像力に突き動かされて、彼らは、既成の発見ボックスにはない、もっと多くの別の素材やテーマを求めるようになります。そして、「発見ボックスが一時間しか使えないのでは、設定した目標を達成するのにはまったく不十分だ」と言うようになります。たとえば、ミールワームの探究は、装置を組み立てて観察するために数日から数週間を要します。あるモノを部品に分解したり、斜面の実験をしたりしている生徒たちは、一日中、素材や実験に取り組んでいます。その結果、「探究の時間」の長さがそれぞれ変わるのです。

第4章で述べたように、生徒が正式に記名して特定の発見ボックスを使う初期活動のころとは違って、この段階では、生徒は探究プロジェクトの種類によって長さが異なる活動時間が与えられます。発見ボックスの延長線上で探究を続ける生徒もいれば、発見ボックスのときとはまったく違う経験に触発されたプロジェクトに取り組む生徒もいます。発見ボックスはまだ片づけられてはいませんが、発見ボックスを使う生徒は、最初のときよりも自立的であり、より視野が広くなっているのです。

多くの生徒は、指示された枠組みに従って発見ボックスを使用するという段階から、より自立的な段階に移っても大丈夫な状態になっています。とはいえ、そうした自立性に達することのできない生徒もいます。それらの生徒が探究に取り組むためには、発見ボックスはまだ有効な方法となります。その半面、自分たちの探究に熱中し、もっとやりたいという思いが高じて、可能なら一日中でもやっていたいという生徒も出てきます。そうした生徒に対しては、科学的発見をしたいという彼らの思いをくんで、「契約」によって活動時間を確保しなければなりません。

探究の契約

もちろん、これまでの授業でも「契約」は個別指導のために教室で用いられてきたことです。基本的に契約とは約束であり、通常、文書にするものです。そこでは二人以上の人たちが、互いのためにあることをしたり、あるものを与えたりすることに同意します。契約は、誰が同意したか、それぞれの人が何をすることを約束したか、また、いつそれをすることを約束したかについて示されています。(1) 契約の当事者は文書に署名し、各自が自分のための記録として文書の写しを保持します。

探究の契約は、生徒が自立的に探究に取り組んでいる教室で重要な役割を果たします。契約は、教師と生徒の双方が求めているものを明らかにし、さまざまな活動状況における説明責任を明示します。私たちのクラスにおける契約では、教師は二つのことを約束します。一つは、契約の対象となっている活動に取り組むための**時間**を契約当事者である生徒に与えることで、もう一つは、クラス全員がしなければならない課題のうちのいくつかをその生徒に対して免除することです。

一方、生徒は、契約に記された期日までに契約内容を達成することを約束します。どの契約にも、読むことと書くことの要素があり、生徒がしなくてはならないことが記されています。いくつかの**課題をしなくてよい**という点は、契約をしようとする際の大きなメリットとなっています。しかし、実際のところは、契約をきちんと実行するためには通常の宿題以上の努力を要します。それでも、ほとんどの生徒にとっては、契約を結ぶことによって探究に自立的に取り組めるという選択肢があること、また選択の自由があることがきわめて魅力的なものとなっています。

---

(1) 契約という手法について情報を集めたい方は、『「考える力」はこうしてつける』の第4章や『ようこそ、一人ひとりをいかす教室へ』の一六四〜一七一ページを参照してください。学習の個別化を実現する優れた方法です。

資料8−1は契約の基本的な書式です。そこには、発見ボックスを使う探究に取り組む時間が明示されています。契約書には、教師の記録用として番号が振られています。課題の締切日として妥当な日程も設定しておきます。生徒は使用する発見ボックスを決め、実証できる問いを立て、そのテーマについて、教師と相談して決めた冊数（通常は三冊）の本を読まなければなりません。私たちのクラスでは、学年の最初に生徒たちは参考文献の正しい書き方を国語の時間で習って、ノートにコピーをしています。参考文献について書くときは、そのノートを見れば書き方が分かります。

契約をした生徒は、「契約ジャーナル」を準備しなければなりません。このジャーナルは、罫線が引かれた用紙を綴じて、厚紙の表紙をつけた小冊子となっています。生徒は、ジャーナルの表紙に氏名、課題名、契約番号を書きます。生徒はそれぞれ特定の契約に取り組んでいるので、この契約ジャーナルがあると便利です。

契約による活動で蓄積された記述と記録、表、測定値は、すべてこのジャーナルに記されます。契約が終了したとき、契約ジャーナルは教師に提出され、記録としてずっと保管されます。また、契約ジャーナルは、もっと本格的なレポートを書くときや研究発表を準備するときのためのよい練習ともなっています。

私たちのクラスでは、探究の契約として次のようなテーマが挙がりました。

資料８－１　発見ボックスを使った活動の際の教師と生徒の契約

教師と生徒の契約

契約番号＿＿＿＿＿＿＿＿＿＿＿＿＿　日付＿＿＿＿＿＿＿＿＿＿＿＿

＿＿＿＿＿＿＿＿＿は、以下の課題を長期間行うことに同意します。

課題：発見ボックスを使った研究

この活動は＿＿＿＿＿＿＿＿＿＿までにやり終えます。

教師は、契約を結んだ生徒に対して、教師が選んだいくつかの教室活動を免除することよって、授業時間のうちの一定の時間を生徒が契約対象の活動のために使うことに同意します。この契約を実行するためには、家でも課題に取り組む時間が必要に（なります・おそらくなります・なりません）。契約課題をやり終えるためには、以下の項目に必要事項を記入し、それを実行しなければなりません。

・生徒は契約ジャーナルを用意すること
・生徒は＿＿＿＿の発見ボックスを使う予定である。
・生徒は、発見ボックスの中の素材がその探究に役立ちそうな、実証できる問いを立てることからはじめる。問いは契約ジャーナルに記入しておくこと。
・探究の間は必要事項をすべて契約ジャーナルに記入すること。他の人たちがその活動を反復できるように詳細に記録すること。発見は発見ブックにも記載すること。
・契約終了日までに、このテーマに関する＿＿＿冊の本を読み、正しい文献の記載法（ジャーナル＿＿＿ページを参照）に従って契約ジャーナルに記入すること。

生徒は、この契約の実行のために全力で取り組むことに同意します。

生徒＿＿＿＿＿＿＿＿＿＿＿＿＿＿＿＿

保護者＿＿＿＿＿＿＿＿＿＿＿＿＿＿＿

教師＿＿＿＿＿＿＿＿＿＿＿＿＿＿＿＿

クラス＿＿＿＿＿＿＿＿＿＿＿＿＿＿＿

発明ワークショップ——生徒は過去の発明について読み、自分自身で発明してみることに挑戦する。

ミールワームの食事——ミールワームは、どんな食べ物が好きなのかを調べる。

不思議な種——何の植物の種か分からない種について観察・調査し、何の種か見分ける手段を考案する。

紫外線感知ビーズを用いた調査——第2章の「探究実践例」の欄で述べた紫外線感知ビーズを用いた独自の調査。

科学読みものを書く——第7章で述べたように、生徒が自作の科学読みものを書く。

探究活動の実施——決められた枠組みなしに、生徒が独自の探究活動を自由に行う。

「探究活動の実施」という契約では、生徒は**資料8-2**に示した「探究実施計画」を書かなければなりません。この書式に記入することによって、生徒は必要な素材、探究におけるいくつかの段階、所要時間の見通しについて考えることになり、探究計画の進行予定図が描けるようになります。そのためにも契約書の書式は、「探究の前、最中、後」について生徒が予測して、それを記述できるような構成になっていなければなりません。生徒が選んだ契約について教師と生徒が話し合う際、探究の全体像が描けていることが大切となります。

資料8－2　探究実施計画

探究実施計画

名前＿＿＿＿＿＿＿＿＿＿＿＿＿＿＿＿＿＿

日付＿＿＿＿＿＿＿＿＿＿

私たちは、＿＿＿＿＿＿＿＿＿＿＿＿＿＿（テーマ）に興味があります。私たちは次のような実証できる問いに答えようと思います。

＿＿＿＿＿＿＿＿＿＿＿＿＿＿＿＿＿＿＿＿＿＿＿＿＿＿＿＿＿＿＿＿＿＿

＿＿＿＿＿＿＿＿＿＿＿＿＿＿＿＿＿＿＿＿＿＿＿＿＿＿＿＿＿＿＿＿＿＿

私たちは次のような結果が出ると予想します。

＿＿＿＿＿＿＿＿＿＿＿＿＿＿＿＿＿＿＿＿＿＿＿＿＿＿＿＿＿＿＿＿＿＿

＿＿＿＿＿＿＿＿＿＿＿＿＿＿＿＿＿＿＿＿＿＿＿＿＿＿＿＿＿＿＿＿＿＿

私たちの調査には、次のような素材と情報源が必要になると思います。

素材	情報源	素材	情報源
＿＿＿＿＿＿	＿＿＿＿	＿＿＿＿＿＿	＿＿＿＿
＿＿＿＿＿＿	＿＿＿＿	＿＿＿＿＿＿	＿＿＿＿

私たちの問いに答えるために、次のようなことをします。

初めに＿＿＿＿＿＿＿＿＿＿＿

＿＿＿＿＿＿＿＿＿＿＿＿＿＿

次に＿＿＿＿＿＿＿＿＿＿＿＿

＿＿＿＿＿＿＿＿＿＿＿＿＿＿

その次に＿＿＿＿＿＿＿＿＿＿

＿＿＿＿＿＿＿＿＿＿＿＿＿＿

進行予定図(短い言葉の説明も記入する)

私たちは、調査のために１週間につき、学校で＿＿時間、家で＿＿時間が必要です。調査はだいたい＿＿週間かかると思います。

教師のコメント：＿＿＿＿＿＿＿＿＿＿＿＿＿＿＿＿＿＿＿＿＿＿＿＿＿＿

＿＿＿＿＿＿＿＿＿＿＿＿＿＿＿＿＿＿＿＿＿＿＿＿＿＿＿＿＿＿＿＿＿＿

＿＿＿＿＿＿＿＿＿＿＿＿＿＿＿＿＿＿＿＿＿＿＿＿＿＿＿＿＿＿＿＿＿＿

生徒たちの署名

＿＿＿＿＿＿＿＿＿＿＿＿＿＿＿＿　＿＿＿＿＿＿＿＿＿＿＿＿＿＿＿＿

＿＿＿＿＿＿＿＿＿＿＿＿＿＿＿＿　＿＿＿＿＿＿＿＿＿＿＿＿＿＿＿＿

昨年、ある生徒が行った契約は「野菜を育てる」というテーマでした。この契約では、食べ物について考えることができただけでなく、クラスにおやつを振る舞うことにもなりました。

エミリーは、自分が選んだ野菜を植え、その成長を観察するという契約に署名しました。そして、教室で植物育成ライトを使ってキュウリを育てることにしました。エミリーは、キュウリの原産地に関する事実や栄養価や用途など、調査研究から得た情報を契約ジャーナルに書き込みました。

美しい黄色の花が咲いたとき、エミリーは友だちと一緒に絵筆を使って受粉させました。それから数週間後、小さなキュウリが育ちはじめました。キュウリが成長する長い過程を、エミリーはクラスメイトと一緒に見守りました。キュウリが実ったあと、私たちはキュウリを薄切りにして、クラスのみんなで美味しくいただきました。

しかし、エミリーの植物の物語は、これで終わりというわけではありませんでした。キュウリのツルは、電灯を支えている棚をよじ登って、棚よりも高くなっていきました。ある月曜日の朝、キュウリのツルは、電灯の近くに吊るしてあった鳥の形をしたモビールにからみついていました。それに気づいたクラスの生徒たちは大笑いしました。鳥が野菜を食べるというのは聞いたことがありますが、野菜が鳥を捕まえるという光景は初めてだったからです。クラスのみんなは、キュウリを管理してくれるよう、エミリーに頼みました

科学者の訪問

科学的思考を重視する教師なら誰でも、本物の科学者が教室を訪れることを歓迎するでしょう。本物の科学者が、身の周りの疑問や問題に対してどのように行動するのかについて手本を示してくれることになります。科学者は、自らの研究や探究に関する素晴らしい物語をもっています。科学者は、教室の雰囲気にすぐ馴染むことでしょう。なぜなら、科学者と生徒は科学者同士として多くの共通点をもっているからです。

昨今の教室では、数十年前とはまったく違った役割を科学者が果たしています。数十年前は、科学者は教室に一時間かそこらいて、いくつかの興味深い科学的事実を披露し、びっくりするような科学的な見方で生徒を眩惑(げんわく)して、教室を後にしていました。生徒は、拍手し、驚嘆し、それから教科書に戻っていました。今日では、このようなことのすべてが変わりつつあります。

最近は、生徒を研究に引き込むこと、本物の探究に巻き込むことに関心を示す科学者が増えています。教室を訪れた科学者は、自らの専門領域や研究分野について語り、背景となる知識を与え、実験装置について説明し、生徒に研究への参加を呼びかけています。生徒を本物の科学に巻き込もうとする教師の努力が、科学者仲間や協力者として生徒を受け入れようとする科学者の訪問によって補強されるのです。

私たちのクラスでは、学年のどの時期においても科学者の訪問を受け入れられるだけの準備が十分にできています。生徒は科学者が何をしているか知っており（第２章で述べたように、彼らは科学者がすることについてのリストをすでにつくっています）、科学者の考え方についても理解しています。結局のところ、生徒自身がたくさんの科学的な実践を行ってきているということです。

最初の訪問の前に、生徒と私は科学者が使うと思われる用語を復習し、科学者が話すテーマについてすでに知っていることをお互いに共有するようにしています。

科学者に訪問してもらうための準備に関していえば、簡単とは言えない面もあります。教室に初めて来る人の多くは、生徒の集団の前に立つことに非常に気を遣うものです。ある科学者は、教室を訪問するという計画の段階で、「学校に行くことは、会社でプレゼンテーションするよりもストレスを感じる」と言っていました。教師の役割は、次のように言って訪問者の不安を和らげることです。

「生徒は、時には耐え難いほど率直なことを言うかもしれません。でも、生徒を科学者として認めて、科学のテーマについてともに考えようとして教室を訪ねる人なら、誰でも生徒の憧れの的となります」

当時、ワシントンにある「スミソニアン博物館」に勤めていたマーティー・コンドン博士（昆虫学者）も、私たちの教室を訪ねた科学者の一人です。彼女の訪問は、生徒を本物の科学的探究に引き込み、のちに驚くべき結果をもたらすことになりました。

ベネズエラの昆虫を調査しているコンドン博士は、私たちの教室に来て、熱帯雨林での調査対象である、特定の植物に卵を産みつけるハエについて話してくれました。彼女は、そのハエについて知っていることを話した段階で生徒を魅了したのですが、彼女が**まだ分かっていないこと**を話すと、生徒はいっそう惹きつけられたのです。

彼女は、翅（はね）の模様（翅脈（しみゃく））のパターンを調べてハエを特定する作業において助力を求めていました。採集したハエは従来のものとは違う種のものではないかと考えていましたが、野外調査でハエの種を見極める方法が分かっていなかったのです。

調査の話を終え、彼女の研究において現在抱えている問題点を説明したあと、彼女の調査を助けてくれることに興味がある生徒がいるかとクラスのみんなに尋ねました。クラスの三分の二の生徒が非常に興味を示し、コンドン博士と一緒に調査する契約を結び、それ以降、数か月に数回、博士と会うことになりました。コンドン博士と、博士の調査に参加した生徒たちの探究と発見の物語については、本章末尾の「探究実践例」（二〇一～二〇六ページ）をご覧ください。

科学者を学校に派遣している大企業もあります。そうした企業の科学者もまた、生徒を本物の研究に巻き込んでいます。「ベクトン・ディッキンソン社」は、世界中で二万人近くの人々が働いているバイオメディカル（生体医薬）企業です。メリーランド州にある「ベクトン・ディッキンソン・ボルティモア」が行っている科学者派遣プログラムでは、自社所属の科学者を学校に派遣して、理科のカリキュラムの充実と探究理科の推進に貢献しようとしています。科学者たちが教室を訪れ、生徒を本物の研究テーマや研究課題に引き込んでいます。科学者たちは素材、用具、装置などを学校に残していき、最初の訪問から数週間後に教室を再訪して、その間に生徒が行った探究の成果を評価しています。

ある年、私たちはバクテリア培地と試験紙を用いて活動を行っていました。ベクトン・ディッキンソン社の科学者であるジェイ・シンハとマーク・サスマンが生徒の所にやって来ました。初めに行った演示で彼らは、バクテリアの成長がしばしばその生息圏の酸性を高める（pHを下げる）ことを示しました。彼らは生徒に、酸性度が高まったことによって試験紙の色が変わったこと、この試験紙は実験室でバクテリアの増加を検出するために用いられていることを説明しました。

第5章の「探究実践例」（二一四ページ）で紹介したように、キャサリンはバクテリア培地で実験し、観察していた生徒の一人でした。彼女は、ベクトン・ディッキンソン社が提供した血液寒天培地(2)を使っていました。先に挙げた二人の科学者から学んだ「4象限法」(3)を用いるために、彼女は特殊な用具によって、発酵して酸味の入ったミルクを筋状に血液寒天培地に塗りつけました。

彼女の問いは、「血液寒天培地にミルクを筋状に塗りつけることによってバクテリアの存在を検出できるか?」というものでした。バクテリアのコロニー(集落)の成長を注意深く観察し、記録していたキャサリンは、ある日、血液寒天培地の上でバクテリア以外のものが成長していることに気づきました。彼女が私のところにやって来て言いました。

「私の血液寒天培地に、カビがいるようなんですけど……」

「どうしてそう思うのかな?」と、私は尋ねました。

「カビの絵を見たことがあるんですが、それによく似てるんです」

彼女は、バクテリアのコロニーと新しい侵入者を観察し続けました。すると、キャサリンは驚くべきことを発見したのです。

---

(2) (blood plate, provided by Becton Dickinson) 増菌培地の一つで、普通の寒天培地では発育しにくい菌種の培養や溶血性を検査するのに用いられたりする培地です。https://www.bdj.co.jp/micro/products/hkdqj200001y0cx.html 参照。

(3) 代数の「x-y座標」のように、二つの要素の対立軸を交差して四つの象限をつくって、物事を分析していく方法を指しています。第2章の「探究実践例」にあるビーズの実験で言えば、「日向↔日陰」、「振る↔振らない」で四つの象限が形成されています。

「カビがバクテリアの成長を止めているようです」と、彼女は言いました。「カビが増えるにつれて、バクテリアは死んでいきました」

ベクトン・ディッキンソン社の科学者たちが再び訪れたとき、彼らはキャサリンの発見にびっくりしてしまいました。「これは、ペニシリンが発見されたときと非常によく似ている」と、彼らは指摘したのです。知らぬ間にキャサリンは、七〇年前に同様の観察をしたアレクサンダー・フレミング(4)の足跡をたどっていたのです。

ベクトン・ディッキンソン社は、私たちの教室だけでなくほかの教室での探究理科に対しても惜しみない貢献をしてくれました。細菌培養器などの用具を提供することに加えて、探究活動に関与する教師や、探究活動に従事する生徒に資金を提供するという助成金プログラムを率先して行ってくれたのです。

保護者や地域在住者のなかに存在する科学者たちや近隣の企業は、すべて訪問科学者の供給源となります。探究活動を促進するために、科学者たちが生徒の前で本物の科学の物語を話し、生徒を本物の探究に引き込んでほしいと思っています。さらに、教室を再訪して生徒とコミュニケーションを深めれば、大人の科学者は生徒が科学に貢献する科学者であると評価することになるでしょう。

植物育成ライト

野外教育の一部は、植物育成ライトを用いることで教室に再現することができます。植物育成ライトは、探究活動を促進するために、おそらくもっとも効果のある用具の一つでしょう。それに加えて、植物育成ライトは安価です。これを設置するのに必要なのは、ライト固定装置（約一一〇〇円）とライトが二つ（一つ約九〇〇円）だけです。ライトを天井からテーブルの上に吊せば準備万端です。

私が最初に植物育成ライトを使ったときは、小さな花鉢と表土、そして何種類かの種子（ホームセンターに行って一パック一〇円で買いました）を用意しました。私は生徒に、「こっちに来て、どれでもいいから面白そうなものを選んで、それを使って活動しよう」と呼びかけました。いつもどおり、みんなが喜んで同意しました。

彼らは花や野菜を植え、実生（みしょう）[5]が成長する過程を注意深く見守りました。毎朝、生徒は学校に来

（4）（Sir Alexander Fleming, 1881～1955）イギリスの細菌学者で、抗菌物質リゾチームとアオカビから見いだしたペニシリンの発見者です。

（5）接ぎ木や挿し木などによらず、種から芽を出して生長したものを指します。

ると植物育成ライトの周りに集まり、自分たちの植物をチェックしたあと、ほかの生徒の植物を見て回ります。彼らの種子が芽を出し、成長をはじめると、生徒はこちらが驚くほど丁寧に世話をします。生徒が「水やり」の大切さに気づくのに時間はかかりません。生徒が放っておけば、植物は死んでしまうのです。そして彼らは、水のやり過ぎにも気をつけるようになります。

やがて、植物には支柱が必要になります。そして、花が咲き、多くの種が何種類かの野菜になります。素晴らしい！　探究活動を促進する理想的な道具があるとしたら、植物育成ライトこそ「それだ」と言えます。

エミリーがキュウリを育てることをテーマとして契約した（一七八ページ参照）ように、「植物育て」は契約の対象になります。種子と植物は、生徒の探究にとってあらゆる種類の問いと可能性を提供します。生徒は、（さまざまな色つきプラスチックを使った）彩色光によって成長に違いが出るかと実験してみたり、塩水と真水が植物の成長に及ぼす効果を比較したり、成長している植物を密閉したテラリウム（植物栽培・観察用のガラス容器）の中に入れたりして、さまざまな成果を上げました。

これらすべての活動で、生徒はデータを記録して解釈をし、注意深く観察します。教師が何か一つだけ新しい用具を購入するとしたら、植物育成ライトこそ購入するべきです。その可能性は無限なのです。

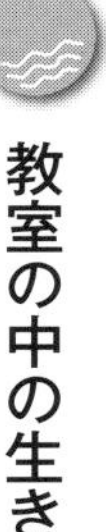

教室の中の生き物

学年がはじまってすぐに、決まって生徒は「ペットを飼ってはどうか」と言ってきます。私は、教室ではペットを飼うのは無理だと、諦めるように生徒に言います。長い時間、教室には誰もいないということがあるからです。とはいえ、教室で生き物を観察することによって生徒がどれだけ多くのことを学ぶかについては十分に承知しています。

秋になると、たくさんのクモが学校の周りに現れ、生き物と触れ合うことを経験する格好の時期となります。クモを捕まえると、教室で生き物を飼うための「決まり」について私たちは話し合っています。どんな生き物も、実験材料にしてはなりません。生き物は、観察するためだけの、教室への来客なのです。生き物の安全と居心地のよさについて、常に考えてやらなければなりません。

全米理科教師協会（National Science Teacher Association）が刊行した『クラス活動のための規約（*The Science Teacher*）』（一九八六年一月）では、十分に条件を整えたうえで、教室で生き物を飼うことをすすめています。生徒が一定の期間、教室で生き物を飼いたいと申し出てきたときに私は、「教室の中の生き物シート」（**資料8－3**に示しました）を提出するように言います。

資料8－3　教室の中の生き物シート

名前＿＿＿＿＿＿＿＿＿＿＿＿＿＿

これまでに何人かの生徒が、生き物を数日間、あるいは数週間、教室で飼えるかを尋ねてきました。もし、あなたもそうしたいなら、次の下線部分に回答を記入してください。

1．どんな生き物を教室で飼いたいですか？

＿＿＿＿＿＿＿＿＿＿＿＿＿＿＿＿＿＿＿＿＿＿＿＿＿＿＿＿

2．その生き物のための籠や入れ物を持っていますか？

＿＿＿＿＿＿＿＿＿＿＿＿＿＿＿＿＿＿＿＿＿＿＿＿＿＿＿＿

3．その生き物を世話するために、毎日何をしなくてはならないですか？

＿＿＿＿＿＿＿＿＿＿＿＿＿＿＿＿＿＿＿＿＿＿＿＿＿＿＿＿

＿＿＿＿＿＿＿＿＿＿＿＿＿＿＿＿＿＿＿＿＿＿＿＿＿＿＿＿

4．あなたは、それらのことを毎日することを約束しますか？

＿＿＿＿＿＿＿＿＿＿＿＿＿＿＿＿＿＿＿＿＿＿＿＿＿＿＿＿

5．その生き物を世話するために、週ごとに何をしなくてはならないですか？

＿＿＿＿＿＿＿＿＿＿＿＿＿＿＿＿＿＿＿＿＿＿＿＿＿＿＿＿

＿＿＿＿＿＿＿＿＿＿＿＿＿＿＿＿＿＿＿＿＿＿＿＿＿＿＿＿

6．あなたは、それらのことを毎週することを約束しますか？

＿＿＿＿＿＿＿＿＿＿＿＿＿＿＿＿＿＿＿＿＿＿＿＿＿＿＿＿

7．その生き物は何を食べますか？＿＿＿＿＿＿＿＿＿＿＿＿

8．誰がその食べ物を与えますか？＿＿＿＿＿＿＿＿＿＿＿＿

9．その生き物が教室で安全に生きるために重要なこととして、ほかにどのようなことがあるか、あなたが知っていることを教えてください。

＿＿＿＿＿＿＿＿＿＿＿＿＿＿＿＿＿＿＿＿＿＿＿＿＿＿＿＿

＿＿＿＿＿＿＿＿＿＿＿＿＿＿＿＿＿＿＿＿＿＿＿＿＿＿＿＿

以下の文章をよく読んで、同意の署名をしてください。

私は教室で生き物を世話する責任についてよく考え、その生き物の安全と居心地のよさを保証するために必要なことをすべて行うと約束します。私は、定期的に生き物の世話をすることについても同意します。世話の内容は、餌を与えること、水を与えること、籠や入れ物を掃除すること、その他、先生に指示された仕事です。この同意書に従わなかったときは、教室から生き物を引き取らなくてはならないことを私は理解しています。

（署名欄）

生徒＿＿＿＿＿＿＿＿＿＿＿＿＿＿＿＿

教師＿＿＿＿＿＿＿＿＿＿＿＿＿＿＿＿

保護者にここに署名してもらうこと＿＿＿＿＿＿＿＿＿＿＿＿＿＿＿＿

この用紙によって、生き物を適切に世話するために必要なことや、誰が責任をもって世話するのかということがはっきりとします。

観察と研究のために私たちは、クモ、昆虫、ハツカネズミ、ハムスターなど、多様な生き物を教室に迎え入れてきました。生き物が教室に来るやいなや、多くの質問が出されます。何を食べてるの？　いつ眠るの？　どんなふうに成長して、変わっていくの？

時々、生徒は、「生き物がどのように感じているのか？」とか「何が好きなのか？」と尋ねます。生き物が感じていることや、何が好きで何が嫌いかについては、私たちはただ推測しかできないということを生徒が知ることも重要です。私たちは生き物の行動を観察するだけであり、おそらく、そこで見たことに基づいて推測しているだけなのです。

生き物の居場所をつくることは、子どもたちにとってはワクワクするプロジェクトになるでしょう。安全な環境を整えるためには、生き物が生活する様子や、生存のための必要条件について調べなければなりません。「生息環境をつくる契約」(**資料8-4**)は、野外における生き物の巣やねぐらとできるだけ似た居場所を生徒たちがつくるためのものです。契約書では、生き物の安全を確保するためにまず調査を行い、それから綿密に観察することを求めています。

生き物の供給源はたくさんあります。先に述べた捕虫網で、多くの種類の昆虫とクモを捕まえることができます。池底の泥をシャベルでさらって、小さな水槽に入れておいたことがあります。言うまでもなく、この泥にはいろいろな種類の昆虫の若虫が含まれています。その水槽にはカバーはしてありませんでした。

ある春の日、標準テストに静かに取り組んでいたクラスが、突然、騒然となったことが忘れられません。変態を遂げた巨大なトンボが水槽内の泥から現れ、教室中を勢いよく飛び回ったのです。その後、トンボは壁に突き当たって捕まりました。

もう一つの供給源は地域にあるペットショップです。ほとんどのペットショップで、ミールワームやハツカネズミなど、さまざまな生き物を手頃な値段で買うことができます。肥育用のハツカネズミは一〇〇円か二〇〇円であり、通常、生き餌を必要とするヘビなどの食用として売られています。肥育用のハツカネズミは、私たちの教室においては明るい未来をもつことになります。しかし、時には、この小さな生き物も私たちに驚きをもたらします。

資料８－４　「生息環境をつくる」ための教師と生徒の間の契約

契約番号＿＿＿＿＿＿＿　日付＿＿＿＿＿＿＿

＿＿＿＿＿＿＿は、以下の長期間の課題を実行することに同意します。

課題：生息環境をつくる

このテーマを、＿＿＿＿＿＿までに実行することに同意します。

教師は、自分が選んだいくつかの教室での課題をこの生徒に免除することによって、必要な長さのクラス時間をこの課題のために使うことに同意します。この契約の実行のためには、家で追加の時間が（必要です・必要になるかもしれません・必要ではありません）。この契約を実行するためには、以下の項目を行わなければなりません。

- 生徒は契約ジャーナルを用意すること。
- この契約に従って、生徒は＿＿＿について学ぶために、１冊以上の本を読むこと。

  この生き物はどこで生きているのか、何を食べているのか、どのように成長するのかについて調べること。契約ジャーナルの＿＿＿＿ページに書いてある、正しい文献表記に従って、調べた本を契約ジャーナルのリストに挙げておくこと。
- 学んだことに基づいて、生徒は生き物の生息環境をつくる。生息環境は、空間、食べ物、水と、一時的な観察のための適当な条件を備えていること。
- 契約ジャーナルに挿絵か見取り図を描くこと。そこには、生き物の名称と寸法を記すこと。
- 生き物の行動、食習慣、健康状態などを書いた記録を契約ジャーナルに記載すること。
- 生徒が読んだことや観察したことをもとにして、生き物に関する短いレポート（三つから五つの段落で書く）を書くこと。

生徒はこの契約を実行するために全力を尽くします。

（署名）

生徒＿＿＿＿＿＿＿＿＿＿＿＿＿＿

保護者＿＿＿＿＿＿＿＿＿＿＿＿＿

教師＿＿＿＿＿＿＿＿＿＿＿＿＿＿

クラス＿＿＿＿＿＿＿＿＿＿＿＿＿

ある日、アールが二匹のハツカネズミを観察したいと言って教室に持ち込んできました。彼は、ハツカネズミとその飼育用品をPTAからの探究助成金で購入し、いくつかの問いを探究しようとしていました。

彼は最初その二匹は両方ともオスだと思っていました。しかし、一方が妊娠し、まもなく一二匹あまりの赤ちゃんを産みました。アールは赤ちゃんたちの安全を守るためにオスのほうを取り去り、数週間の探究コース期間を超えて、母親と赤ちゃんたちの行動を丹念に観察し、それを記録しました。その数週間、クラスのみんながハツカネズミの成長と、母親がいかに赤ちゃんを養うために熱心に働くかについて多くのことを学びました。

やがて、成長したハツカネズミたちをこれからどうするかという最終的な問いに直面しました。一人の生徒が、ヘビの餌用にそれらのハツカネズミを欲しがりました。しかし、アールは、クラスのみんながハツカネズミになじんでいるので、それに反対しました。ほかの二人の生徒が「家に持ち帰ってペットにしたい」と言っていたのですが、親の反対に遭ってあきらめました。

当地で生まれ育った生き物であれば、近くの生息環境に放つこともできます。たとえば、近くの川で捕ったザリガニを子どもたちが持ち込んできたときには、元の川に放してやっています。しかし、販売会社のカタログなどで注文したザリガニを放したりすれば、地域のザリガニの種を脅かすことになります。そうした類(たぐい)の生き物は、自分で処分をするか、生き物を適切に処分できるペットショップに引き取ってもらうことになります。アールのハツカネズミは、それらを買ったペットショップに戻されました。

教室の生き物のなかには、自ら私たちのところにやって来るものもいます。秋にはいつもスズメバチが教室に入ってきて、そのたびに生徒の注目を集めています。どこを飛び、いつ、どこで止まるかと、生徒はずっと注意深く見つめています。スズメバチは興味深い捕食者です。ある日、私たちは、一匹のスズメバチがぼんやりしていたハエに飛びかかり、ハエの翅をむしり取った瞬間を実際に目撃しました。そのスズメバチは、ハエをくわえたまま飛び去りました。

招いたものであれ、自らやって来たものであれ、生き物のゲストは生徒に多くの経験を与えてくれます。彼らの行動を観察し、記録し、予測することは、私たちの教室における探究活動を大いに推進します。生き物はゲストであってペットではないという私たちのアプローチによって、生徒は生き物を科学的に観察し、その行動から生き物が何を好むかについて推測することができるようになります。

しかし、同時に、生き物たちは野生の訪問者であって、マンガのキャラクターではないということを「念押し」しておかなければなりません。

模型（モデル）

理科における模型（モデル）は、いくつかの目的のために使われます。一つは、実際のものを調査するには大きすぎる学習項目や、概念を実験したり操作したりするためです。たとえば、地球の模型である地球儀によって、地球がどのように回転しているか、また太陽によって光や影が地球にどのように投じられるかについて学習することができます。

第二に、模型は時間を早めることができます。何十万年もかかって起こる現象も、模型を使えば数秒で起こすことができます。たとえば、大陸移動というきわめて緩慢なプロセスが、模型を使うことによって目の前で理解できるようになります。

第三に、模型は、実際の方法では安全でない事象を安全に観察するための手段を与えてくれます。模型の大洋に石油を流出させることで、現実の環境を破壊することなく、そうした悲劇の影響をシミュレーションすることができます。

最後に、模型によってお金を節約することも可能となります。事象がもたらすと想定される影響を測定するために多くのお金がかかる場合でも、かなり安価な模型によって実演することができるのです。模型による地震の研究は、こうした一例となるでしょう。

資料８－５　山の模型の図解

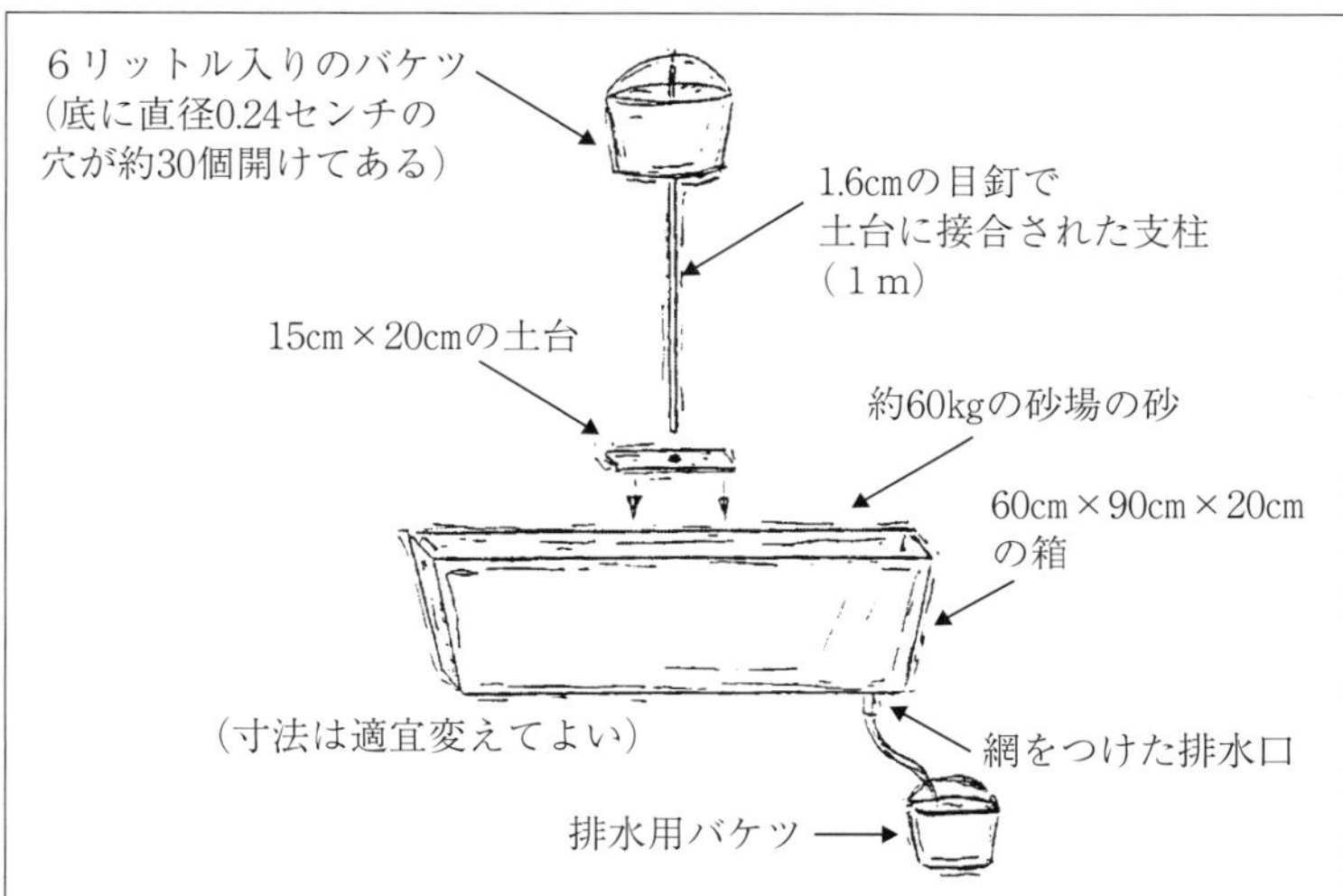

砂の山は支柱の底面付近につくります。山の上に、いくつかの縮小した家やホテル（私たちはモノポリーゲームの付属品を使いました）を置いておきます。バケツに注がれた水は、底の穴から雨のように落ちていき、山を侵食します。

このようなことが理由で、模型は生徒が探究活動を計画し、実行する際にきわめて有効なものとなります。

私たちのクラスでは、山が水によってどのように侵食されるのかを学習するために、山の模型が考案されました。理科のカリキュラムには、教師が教室外に土で山をつくり、そこに散水装置やじょうろで水をまくように書かれています。このやり方は演示としては素晴らしいものですが、生徒たちによる自立した活動には合っていません。

資料8－5に示した山は、運動

場にある砂でつくられたもので、箱の中に置かれています。支柱によってバケツが砂の上に吊されており、そのバケツの底には、たくさんの小さな穴がドリルで開けられています。水はバケツから注がれ、砂の山に雨のように降ります。この装置は、生徒たちが侵食を観察し、降雨の影響から表土を保全する手段を考え出すために使われたものです。

初めの暴風雨演示のあとで一部の生徒たちは、山をつくり直し、彼ら自身の探究を行うために一日か二日の期間を保証する契約に署名しました。暴風雨演示の前と後で侵食具合を制御する用具として、アイスキャンディーの棒、レース編みのベルト、焼き串、爪楊枝、その他の素材が用いられました。

模型の山を使えば時間を短縮することができます。実際の山は、模型の山のように速くは侵食されません。現実の地形では、侵食ははるかにゆっくりと進むのですが、模型の山によって生徒たちは、破壊的な効果を及ぼす侵食現象の影響を短時間で観察することができ、その対策を考えることもできるのです。

生徒たちは自らの探究を記録しています。**資料8-6**は、模型の山におけるデータシートの一例です。山の模型を使って活動を行ったグループは、それぞれこのデータシートに活動記録を記入しました。活動記録はあとの学年にも引き継がれていますので、生徒は以前に行われた活動記録を見ることができます。

資料8－6　模型の山のデータシート

模型の山をつくることによって、水の侵食作用を観察し、表土の保全方法についての実験をすることができます。模型の山を使う前、使っている最中、使った後に、以下の空欄に記入をしてください。

つくった人の名前＿＿＿＿＿＿＿＿＿＿　日付＿＿＿＿＿＿

暴風雨の前の山をスケッチしてください。山の上にあるすべての家や、侵食防止用構造物（フェンスや支柱など）を、その縮尺と名称とともに記入すること。複数の方向から見たものを描くと分かりやすくなるでしょう。

暴風雨の後の山をスケッチしてください。山の上にあるすべての家や、侵食防止用構造物（フェンスや支柱など）を、その縮尺と名称とともに記入すること。変化したところに特に注目して描くこと。

この実験をもう一回する場合に役立つようなことを何か発見しましたか？

注意：あなたのデータシートはほかの人にとっても重要です。ほかの人が模型の山をつくるときのために、別のページも使って詳しく書いてください。

生徒の探究と発見は、水による侵食とその制御、深い地下水面の侵食効果、表土の保全策を考案するための模型実験に用いられたさまざまな用具の使用などについて興味深い説明を行っています。記録することが課されているので、その記録が集積することで、ほかの生徒の参考にもなります。また、活動記録は評価する際にも有用となります。

地震という危険で犠牲の大きい事象でも、地震シミュレーターを使えば管理された安全な条件下でシミュレーションができるようになります。地震シミュレーターは、ゆるやかに揺れるテーブルのような簡単な装置もあれば、カタログで購入する高価な機械装置のように複雑な場合もあります。私たちがつくった地震シミュレーターは、五〇センチ×四五センチの大きさで、厚さ六ミリの合板を、直径四センチの四つのバネ（私は、「Serve-A-Lite #9」のバネを使っています）に載せたものです。合板を手で揺らすことによって、地震状態をつくり出すことができます。また、小さな電池で動くモーターを合板の下に付けています。モーターは重しのついたアームにつながっており、スイッチを入れると合板に円回転を与えることができます。

これらがもたらす状態は、実際の地震にきわめて似たものとなります。この装置の上に置く建物や塔をつくるために、さまざまな材料を使っています。算数で使う計算練習用のブロックで建物をつくったり、爪楊枝とマシュマロで高い塔をつくったりもしました。こうした建物を簡単につくれる素材は、理科のカリキュラムにおける地学領域の重要な探究要素を増やすことに役立ってきました。

模型の川や水流は、カウフマンが書いた『川は削る（*River Cutters*）』（一九八九年、未邦訳）に描かれているように、ネコ用のトイレと珪藻土（けいそうど）でつくることができます。底面に小さな穴を開けたプラスチックのカップを吊しておき、そこから色つきの水が湿った珪藻土に漏れ出ることによって小さな川ができます。

川が形成され、その水が傾いたトイレの下部にできた池に溜まっていく様子を確認してから、生徒は川にダムをつくります。小さな山並みに水の通り道が切り込まれた姿は、流れる水の力を示しています。私たちは、ドライフードの染料を先端に染み込ませた綿棒を不特定の場所に埋め込むという実験をしました。

『川は削る』に描かれているように、これらは埋め立てられた有毒のゴミの模型になっています。そうしたゴミの存在を示す唯一の手がかりは、その近くを流れる川が奇妙な色に染まることです。生徒は、小さなスポンジとピペット、そしてプラスチックのダムを使って、その「有毒」物質によってトイレの下部にある池が汚染されないように努めましたが、それは無理でした。しばしば不毛な努力に終わるわけですが、ゴミを慎重に処理することの大切さに関しては学ぶことができます。

インターネットを使った探究

探究活動を促進するのに理想的なインターネットのウェブサイトがたくさんあります。もちろん、生徒も教師もそれらにアクセスすることができます。以下に挙げるサイトは、最良とされるごく一部のものです。

本やカリキュラム、そして教師が指示する活動と同じく、これらのウェブサイトはあくまで探究を触発するものであり、生徒主導で行う探究の代わりになるものではありません。コンピューター・シミュレーションがますます当たり前のことになりつつありますが、生徒が実際に素材を手にして、それを操作して、本物のデータを取り出すことに代替し得るものはほかにありません。以下のウェブサイトは、あくまでも本物の探究に対して、アイディアを提供するといったものです。(6)

探究は至る所にある

探究活動の供給源は、身の周りに存在するすべてのもののなかにあります。供給源が何であれ、探究活動に共通する要素は、生徒の問い、探究計画、発見記録、ほかの生徒との共有です。どの年齢の生徒も、探究アプローチのこれらの要素を踏まえた探究理科の活動に参加することができるのです。

探究実践例——マンチェスター・フライ

「科学の素晴らしさは、どの解答においても、答えるべきさらなる問い、解決されるべきさらなる問題がもたらされるところにあります」と、コンドン博士（一八一ページ参照）はクラスに語りかけました。そして、スライドを見せながら、ベネズエラの熱帯雨林に自生する特定の植物に卵を産み付けるショウジョウバエに関する研究について語りました。

（6）著者はここで、NASAや博物館、水族館のホームページ、気象情報、環境教育、科学番組の紹介サイト、紫外線感知ビーズやフクロウのペリットなど、本書で紹介した活動の素材を入手するためのサイトなどを紹介しています。しかし、アメリカ在住の読者向けの英語サイトであることに加えて、URLがすでに無効となってしまっているものが多く見られました。そこで、英語サイトをそのまま紹介するのではなく、本書で展開されている探究理科に役立ちそうな日本語サイトを訳者たちが選び、巻末に掲載しましたので参照してください。

彼女は、研究の過程で出合う問題と謎について、またほかの科学者たちとともに、自分がいかにしてそれらの問題を解こうとこれまで努力してきたかを説明しました。さらに彼女は、研究の物語をただ語って聞かせるだけではなく、彼女の研究に加わるように生徒を招待したのです。

五年生の、熱心なボランティアのグループが彼女の探究に参加しました。それから数か月間、クラスの生徒たちは、スミソニアン博物館の昆虫学者であるマーティー・コンドン博士と一緒に研究することになったのです。彼らはともに、南米の熱帯雨林で収集されたデータを念入りに調べました。

このグループの一人であるカリスは、ジャーナルのなかでコンドン博士の研究について次のように記しています。

「コンドン博士は、さまざまな種類のハエを見つけました。そのうちのいくつかはタネバエ（種蠅）であり、ほかのいくつかはハナバエ（花蠅）でした[7]。問題となったのは、これらのハエがまったく同じように見える点でした」

野外調査では、それらのハエを見分ける手段が分かりませんでした。一つの手がかりになりそうなのは翅（はね）の点模様で、その配列パターンをよく調べて、博士は見分けようとしていました。

博士は、ハエの翅を拡大した大量の写真を持っていました。それぞれのハエにおける点模様の複雑なパターンは独特なものに見えました。同僚であるスミソニアン博物館の科学者たちも、そのパターンを見分けることはできませんでした。博士は、子どもたちの偏見のない眼が大人の研究者たちが見逃しているものを発見してくれるのではないかと推測し、期待していました。

生徒たちのグループは協働して作業を行っていました。彼らは話し合い、意見を闘わせ、互いの理論を検討しあい、データをともに注意深く調べました。「だいたい一月に一回、コンドン博士と会いました」と、もう一人の生徒科学者であるジェイコブが書いています。「博士が次に訪問してくるまでの間に、私たちはハエの翅の拡大写真を調べました。これらの写真を通じて私たちは、ハエの雌雄や生まれた場所（花か種か？）、また種（しゅ）を決めるのに役立つような翅の点模様のパターンを探し求めました」

コンドン博士が訪ねてきたときにグループのメンバーは、自分たちの理論とともにそれまでに成し遂げたことについて博士に話しました。研究を続けるために生徒たちは、しばしば

（7）　タネバエとハナバエは、ともに「ハエ目ハナバエ科」に属する昆虫です。「ハナバエ科」は「イエバエ科」に近いハエです。ハナバエという名称は、成虫が花の上や葉の上に多くいるところから来ています。タネバエは、大豆などの豆類やネギ、ウリ、トウモロコシなどの作物の種子を食害するため、このように呼ばれています。

自分たちだけの会合をもっていたのです。彼らを励まし続けた博士は、前回の訪問以後に彼女が行ってきた研究内容について生徒たちと話し合いました。

数か月が過ぎ、この小さな科学者コミュニティーの間に、尊敬と信頼の関係が育ってきました。さらに、本当の科学とはどういうものかについての理解も深まってきました。「私は、コンドン博士と一緒に活動するなかで多くのことを学びました」と、ジェイコブは書いています。「私は、科学者の人生がどういうものなのか、またどれほど大変なのかが分かりました。さらに、ほかの人々と一緒に活動することは多くの協働をもたらすということも学びました」

ジェイコブをはじめとした生徒たちが、科学者としての協働において学んだことの要点が、ドーンという生徒の言葉にも表れています。

「三月一九日、私たちはコンドン博士と再び会いました。今日、私たちは、ジェイコブの理論がうまくいかなかった点について話し合いました。この日、私たちは新しい理論を見いだすことはできませんでした。ほとんどの時間、ジェイコブの理論について話し合ったからです。私たちは、ジェイコブの理論に基づいてハエを見分けるテストを彼にさせました。彼は、九匹中五匹を見間違えました」

ジェイコブはひるまずデータを検討し続け、自らの理論の妥当性をグループに認めさせようと努力しました。これまでのプロセスにおいてさんざんイライラさせられていた彼ですが、決してあきらめなかったのです。

このグループの粘り強さは、誰もが思ってもみなかったような成果をもたらしました。コンドン博士が生徒たちの理論とその成果を多くの時間をかけて再び調べてみたところ、グループによってなされたある発見に気づいたのです。その発見によって彼女は、これまで見分けられてこなかったショウジョウバエの種(しゅ)を見つけ出したのです。生徒たちは、コンドン博士の研究をサポートしただけでなく、発見に対する報償も得ることができました。新種のハエには、彼らの学校の名前が付けられたのです。

「これは、小学校の名前が付けられた唯一の昆虫です」と、コンドン博士は一年後に誇らしげに告げました。「『Blepharoneura manchesteri』という名前は、マンチェスター小学校の生徒たちの成果であることを表しています」

そして実際に、「B. manchesteri」という名前は、学術誌『昆虫分類学』の一九九四年版に掲載されました。

私たちの科学的知識の体系に貢献した小さな科学者たちは、歴史的な発見をしようとして取り組んだわけではありません。彼らは、翅(はね)の模様に潜むパターンを探していたコンドン博士の手助けをするという挑戦を引き受けただけなのです。その協働に費やされた長い時間が、新たな昆虫の発見という頂点に至るとは知る由もありませんでした。さらに、その昆虫には小学校の名前にちなんだ名称が付けられたのです！　彼らは、科学者として自分たちが何をしているか、そしてなぜそれを行っているかについては、まったくと言っていいほど疑問をもっていませんでした。

ここで紹介した話は、ほかの教師や生徒たちに、新しい生物種を探し求めようと促すものではありません。このようなやり方において、再びこうした発見が成される可能性はかなり低いでしょう。しかし、確かなことは、新種が見いだされるか否かにかかわらず、このグループの生徒たちは科学者との協働における探究活動を十分に遂行したということです。大事なことは、生徒の探究活動では、究極的な成果がどのようなものになるかについて私たちは決して知り得ないということです。

あらかじめ見通しを限定しないことによって、限りない成果が実際にもたらされるのです。教師としての私たちの役割は、もっとも野心的とされる夢ですら越えた「驚き」がもたらされる機会を生徒に提供することなのです。

第9章 子ども探究大会

一九九三年三月のすっきり晴れた日、バスの中の雰囲気はいつもの遠足気分とはほど遠いものでした。とはいえ、バス旅行であることに違いはありません。名札を配りながらバスの通路を歩いていると、私は車内の空気に興奮と期待とともに不安も感じました。バスには、生徒や保護者とともに、酢、石灰岩、海で採れた四億年前の化石、鉢植えの大根、水、油、オートミールの入ったボウルの中で快適な旅を続けているミールワームが乗っていました。数か月に及ぶ計画と作業を経て、私たちは初めて体験する「子ども探究大会」に向かっているのです。

バスに揺られながら私は、生徒たちが仲間と一緒に発表用のメモカードに目を通したり、OHP用紙や配布する資料を順番に揃えてチェックしたり、提示物が入ったバッグを再点検したりしている様子を見ていました。自分が行った研究について発表する予定の生徒もいれば、会場である大学に集まる一〇〇人以上の生徒に対してハンズオン活動（一〇〜一三ページ参照）を提供する生徒もいます。私は生徒たちを信頼していましたが、同時に強い不安も感じていました。ともかくにも、私たちは新しい場面にともに踏み出していこうとしていたのです。

ここに至る数か月は心躍るものでした。「実証できる問い」を初めて立てたのがずっと以前のことのように思えました。生徒は、自らの探究にとりかかり、独自の発見をすることによってますます自立するようになりました。彼らは互いの研究を念入りにチェックし合い、研究を記録した論文を書き、発見ブックに発見したことを書き込み、研究成果をほかのクラスの生徒たちに発表してきました。今や、クラスで行ってきたことを世の中の人々と共有するときとなったのです。

定義上、探究理科は科学そのものです。私たちの教室では、生徒が本物の問いを立て、本物の理由によって研究を行い、独自の発見をするような環境がつくられています。古代ギリシャの数学者・物理学者アルキメデスが入浴中に「分かった！」と叫び、裸のまま通りを走ったというのは有名な話ですが、自分たちの発見を共有しようとしている若き科学者たちの顔からは、そのときのアルキメデスの興奮が見て取れます。ある春の朝に初めて「子ども探究大会」に向かうバスの中の子どもたちは、アルキメデスのような科学者が歩んだ足跡をたどっているのです。

子ども探究大会は、教室の壁を越えて探究の成果を伝えたいという願いからスタートしたものです。私は、科学についての独自の問いと、科学をいかに教えるかについてこれまで考え続けてきました。そして、大人を対象にした科学研究の大会と同じような、子どものための研究大会がつくれないものだろうかと自問してきました。そこでは、子どもたちの科学的探究の成果と物語をお互いに共有するために、さまざまな学校から生徒が集まって一堂に会するのです。私の願いは、生徒に次のような機会を与えることにあります。

・自分たちの発見の興奮を互いに共有すること。
・共通の関心をもっているほかの学校の生徒と交流すること。
・生活のなかで躍動している力として科学を見ていくこと。
・自分たちの探究とほかの生徒の探究の信頼性についてクリティカルに考察すること。
・ほかの生徒の発見を、自分たちの探究のための参考にすること。

こうした子どもたちのための研究大会の可能性を考えていたちょうどそのころ、私は小学校理科統合プロジェクト（Elementary Science Integration Project：ESIP）の一環で、数人の教師とともに活動していました。ＥＳＩＰはメリーランド大学ボルティモア校のウェンディー・ソール博士（viページ参照）によって開発されたもので、博士はカリキュラムの統合、とりわけ理科と国語の統合を強化し、探究理科を小学校の教室で推進することを重視していました。ＥＳＩＰの教師たちは、数年にわたって毎年の夏、この課題を探究するためにさまざまな地域から集まって会合をもちました。「子ども探究大会」の開催を支えたのは、この教師集団です。

初めのうちは、ほかの教師たちと彼らのクラスに対して「子ども探究大会」への参加を呼びかけても、まったく反応がありませんでした。生徒が行う本物の探究を中心とする探究大会は、多くの教師にとって少々冒険的すぎると思われたようです。それに、新しい考えのほとんどがそうであるように、参考になるモデルもありませんでした。しかし、最終的には、私を含めて三人の教師が自分のクラスの生徒は「挑戦できる」と確信するようになりました。

最初の年は、都市部の六年生、郊外地区の五年生、そして村落地区の五年生という三つのクラスが集まりました。どのクラスの生徒も、問いを立て、データを収集して記録し、発見をしました。さまざまな場所から来ていた生徒たちですが、「科学」という共通の言葉を共有していました。彼らは、自らが探究領域の専門家であり、発見したことを互いに共有したいと強く思っていたのです。それにしても、期待されている目標を達成できるようなイベントをつくり出すというのはまさに「挑戦」でした。

今回の「子ども探究大会」は三つのセッションから成っており、生徒は、同時並行して行われる発表や活動に参加しました。密封したガラス容器の中の植物、ミールワーム、火星における化石の可能性といったテーマについての発見を、生徒は互いに共有しました。

発表が行われている会場があるかと思えば、別の会場では生徒によるハンズオン活動が行われていました。生徒は岩石を割って化石を探し出す活動や、山のモデルを使って侵食作用を調査する活動を演示したり、ほかの生徒が同じような活動を行うことをサポートしたりしました。また、実験室をめぐるキャンパスツアーも大学生によって行われていました。

各セッションの時間は四〇分でした。あるセッションで発表した生徒は、別のセッションに行くと、ほかの生徒が物語や発見を発表する様子に聞き入っていました。会場の至る所で生徒は科学者として振る舞い、データや発見を仲間と共有し、質疑応答し、研究の可能性を示したり、探究すべきさらなる問いについて考えたりしていたのです。昼食までに、この大会が私たちの最高の期待をも凌ぐものであることが分かりました。

午後の基調講演の講師は、子ども向けの科学書をたくさん書いているシーモア・シーメン（四〇ページ参照）でした。彼は午前中のいくつかの発表に参加しており、生徒が成し遂げたことを称えていました（聴衆としてシーモア・シーメンがいるところで、火星における化石の可能性について発表をする五年生の気持ちを想像してみてください！）[1]。彼は探究を継続するように生徒を励まし続け、生徒一人ひとりを同僚の科学者と見なしていたのです。

大会からの帰りのバスは、朝の様子とまったく違ってにぎやかなものとなりました。

（1）第1章の「探究実践例」を参照してください。

「会場に来ていた生徒たちが、ありったけの質問をしてきたの」と、アマンダは大声で報告しました。彼女の探究はミールワームについてでした。

「みんなは、本当に私が発見したことについてもっと知りたがってた」

「それで、きみはどう思ったの?」と、私は尋ねました。

「とってもいい感じでした」と、彼女は答えました。「自分がたくさんのことを知っているみたいに思えたし、私が発見したことをみんなが聞きたがっていたから」

一方、クリスは、ハンズオン活動の会場で、電池で駆動する地震シミュレーターを操作して、積み木でできた建物に対して地震のシミュレーションを行いました。

「大人の人がやって来て、ぼくに地震について尋ねたんです。彼のネクタイから目を移して名札を見たら、なんとシーモア・シーメンさんでした。とっても緊張しちゃいました。だって、シーメンさんがぼくに質問するなんて考えられないことでしたから」

バスの中は、安堵と興奮とともに満足感にあふれていました。それぞれの生徒が、発表をしたり、ハンズオン会場で活動の手助けをしたり、聴衆として質問をしたりして、最善を尽くしつつイベントに貢献したのです。誰もが参加証書を受け取っています。そこには敗者はなく、みんなが勝者としてバスに乗って家路に就いたのです。

しかし、これはほんの手はじめにすぎません。生徒は、新しいアイディアと試みるべき別の事柄をもって戻ってきました。科学的探究は、従来の理科の課題とは違います。それには、**決して終わりがない**のです。生徒は、大会で達成できたことに対する「誇り」と、自分たちの探究を続けようという「熱意」をもって帰ってきたのです。

「子ども探究大会」の初年は、さまざまな職場と学年レベルを超えて、その発展のために協力した教師たちによる非公式なネットワークが開始された年でもありました。小学校理科統合プロジェクトが最初の「子ども探究大会」成功の鍵となりましたが、私たちの目標は、それぞれの教師が独自の探究大会を組織し、計画し、主催できるようなモデルをつくり上げることでした。以下に記述したモデルは、従うべき規範的なものではなく、参加するクラスのさまざまな特徴を考慮して、今後計画されていくであろう大会にとって、出発点になると思われるものです。

「子ども探究大会」の計画と実施

あなたが独自の探究大会を準備しようとするなら、学年の早い時期から考える必要があります。また、探究理科を生徒中心の活動にするためには、学年の最初からまず教師がその考え方を受け入れ、生徒にそのことを伝えておく必要があります。学年の全期間を通じて探究を続けた生徒であれば、春の大会への心構えができているはずです。言うまでもなく、年度末である五月に行わ(2)

れる探究大会のために、四月から探究をはじめるというのは最善のアプローチとは言えません。探究活動は、強いられるものではなく、生徒がそのプロセスに浸り、挑戦を続けていくなかで徐々に育まれるべきものです。

大会を計画するには、そのための業務を少々こなす必要があります。早めに取りかかり、一緒に担ってくれる何人かの教師がいればなんとかなるものです。私の場合、これまでほとんどの大会は、勤務校から離れた場所で開催してきました。日常的な環境から離れることは、その日を特別なものにします。ホテルや企業の本社、あるいは大学が、科学的な議論に適した会場を提供してくれました。学年の早い時期から大会会場を確保して、それらとしっかりと連携していくことが大事です。

発表への応募

二月までに生徒は、子ども探究大会に参加するための応募用紙（**資料9-1**）に書き込むだけの準備ができていなければなりません。彼らの目標は、「子ども探究大会・選考委員会」に発表を採択してもらい、大会のプログラムに組み入れてもらうことです。生徒にとって応募することは、科学者として語ること、これまでに発見したことを記述し、現在の探究の本質を説明することを意味します。

応募用紙に書かれている設問には、「探究は成功しているのか?」や「どうしてそう言えるのか?」など、それまでの探究について自己評価することも含まれています。こうした問いかけは、探究の成功とは何を意味しているのかについて考えるように求めているものです。

余談ですが、私はよくトーマス・エジソン（Thomas Alva Edison, 1847～1931）が白熱電球を発明したときの話を生徒たちにしています。エジソンは何百種類ものフィラメント素材を試してみましたが、全部失敗でした。そしてようやく、綿糸（めんし）を炭化させたフィラメントを使うことによって電球は四〇時間灯ったのです。失敗の一つ一つが、実際のところ、フィラメントに**適さない事例**の発見でした。失敗は、確かに成功を導くのです。

すべての生徒に応募を求める教師もいますが、私は生徒一人ひとりに選ばせたいと思っています。多くの場合、生徒は二、三人の小さなグループをつくって一緒に応募します。たとえクラスのみんなが発表するわけではない場合でも、クラス全員で大会に行くようにしています。

生徒が応募用紙に記入して提出したら、それを教師が子ども探究大会・選考委員会に送って審査してもらいます。「選考委員会」という宛先は、少々誤解を招くかもしれません。生徒は、どこか遠くにいる人たちに向けて書いているように思うことでしょう。しかし、実際のところは、

(2) アメリカの小学校の学年暦は、大部分の州では九月にはじまって六月上旬で終わります。

資料９－１　子ども探究大会への発表応募用紙

子ども探究大会・選考委員会は、あなたの科学的探究と発見についてぜひ聞いてみたいと思っています。大会を企画するにあたって、あなたの助力が必要です。以下の欄に記入してください。

名前＿＿＿＿＿＿＿＿＿＿＿＿　日付＿＿＿＿＿＿＿＿＿＿＿＿

学校＿＿＿＿＿＿＿＿＿＿＿＿＿＿＿＿＿＿＿＿＿＿＿＿＿＿＿

教師＿＿＿＿＿＿＿＿＿＿＿＿　学年＿＿＿＿＿＿＿＿＿＿＿＿

1．これまでの２年間の理科クラスであなたが行ったプロジェクトと、書いたレポートについて述べてください。

＿＿＿＿＿＿＿＿＿＿＿＿＿＿＿＿＿＿＿＿＿＿＿＿＿＿＿＿＿

＿＿＿＿＿＿＿＿＿＿＿＿＿＿＿＿＿＿＿＿＿＿＿＿＿＿＿＿＿

＿＿＿＿＿＿＿＿＿＿＿＿＿＿＿＿＿＿＿＿＿＿＿＿＿＿＿＿＿

2．これまでの２、３年間に、クラスや学校の雑誌やニュースなどにあなたが発表した科学論文やブックレット（小冊子）のタイトルを書いてください。

＿＿＿＿＿＿＿＿＿＿＿＿＿＿＿＿＿＿＿＿＿＿＿＿＿＿＿＿＿

＿＿＿＿＿＿＿＿＿＿＿＿＿＿＿＿＿＿＿＿＿＿＿＿＿＿＿＿＿

＿＿＿＿＿＿＿＿＿＿＿＿＿＿＿＿＿＿＿＿＿＿＿＿＿＿＿＿＿

3．これまでの２年間に、学校やそのほかの場所であなたが発見したことを二つか三つ書いてください。

＿＿＿＿＿＿＿＿＿＿＿＿＿＿＿＿＿＿＿＿＿＿＿＿＿＿＿＿＿

＿＿＿＿＿＿＿＿＿＿＿＿＿＿＿＿＿＿＿＿＿＿＿＿＿＿＿＿＿

＿＿＿＿＿＿＿＿＿＿＿＿＿＿＿＿＿＿＿＿＿＿＿＿＿＿＿＿＿

4．あなたが探究し、子ども探究大会で発表しようとしている問いについて書いてください。

＿＿＿＿＿＿＿＿＿＿＿＿＿＿＿＿＿＿＿＿＿＿＿＿＿＿＿＿＿

＿＿＿＿＿＿＿＿＿＿＿＿＿＿＿＿＿＿＿＿＿＿＿＿＿＿＿＿＿

5．あなたの探究について簡単に述べてください。あなたは、自分の問いに答えるために何をしましたか？

6．あなたの探究はどのように進みましたか？　あなたのこれまでの探究が成功していると、どのようにして評価しましたか？

7．あなたの発表を聴く人がその発見が正しいと思うようにするために、あなたは発表でどんなことを述べますか？

子ども探究大会であなたの発見を発表することに同意する場合、以下に署名してください。あなたの応募は選考委員会で審査され、委員会の決定はあなたに通知されます。

応募者署名＿＿＿＿＿＿＿＿＿＿＿＿＿＿

保護者の署名＿＿＿＿＿＿＿＿＿＿＿＿＿

教師の署名＿＿＿＿＿＿＿＿＿＿＿＿＿＿

ありがとう！　幸運を祈ります。

受け持ちの教師が選考委員会の委員であり、応募者を評価しているのです。

教師たちは応募用紙を交換することで、ほかの学校の生徒を評価することもあります。ともかく、生徒の応募用紙への記入の仕方は、読み手を意識することによって驚くほど変わるものです。自分たちの教師以外の誰かが大会での発表を採択するという事実を知ったり（考えたり）することで、応募用紙に記入される文章の質が高まるのです。

応募は、いくつかの基準に基づいて評価されることになります。私は、応募者となる生徒やグループが探究の途上にあることをまず確認します。探究大会は、読んだ本についてのレポートを発表する場所ではありません。探究は科学的に妥当なものか？　そこで用いられている科学的プロセスは正しいものか？　データは十分に整っているか？　データが不十分な場合、その理由について説得力のある説明がなされているか？　これらの点を踏まえて、ほかの生徒がそこから科学について学べるものであることを確認したうえで採択するのが教師の役割となります。また、発表した生徒が、不完全な実験や明らかに不十分なデータのために立ち往生してしまわないようにすることも教師がしっかりとチェックすべき点です。

ほとんどの場合、生徒の応募はすべて採択されます。数週間後、子ども探究大会・選考委員会からの回答が入った封筒の届く日は、みんなワクワクしています。発表を採択された生徒は、「採択通知書」（**資料9－2**のような書式のもの）を受け取ります。自分の研究が探究大会に発表するに値すると判断されたことを知るのは、とても感動的なことです。しかし、飛び跳ねたり、叫んだり、お祝いを言われたりしたすぐあと、生徒たちは今後しなければならないことを冷静に実感することになります。

「**とっても**興奮しました、ピアス先生」と、採択通知書を読んだアマンダが私に話しかけてきました。「でも、今はビクビクしています。知らない人たちの前に立って、話さなくてはならないんですね。そんなこと、今まで一回もしたことがありません」

その後の数週間、私の任務はそれまでとは少し変わります。どの生徒も大会に向けての準備が十分にできており、安心して最善を尽くすことができると、彼らに確信させることが私の任務となります。自分たちの探究と発見について素敵な物語をもっていることを、私は生徒たちに確認させます。採択通知を受け取ってから大会当日までは八週間ぐらいありますので、それまでこの任務が続くことになります。

時々、そのままの応募では採択されない生徒も出てきます。私は、生徒の応募を決して無条件に不採択にはしていません。子ども探究大会・選考委員会は、そうした生徒たちに対して、応募してくれたことに感謝するとともに、彼らの探究の内容をより明確にするために、追加でいくつかの質問（実験プロセスや素材の用い方、生き物の扱い方、安全に関する問題など）に答えるよう依頼の手紙を出しています。

資料９－２　子ども探究大会発表採択通知の例

宛先：ジェフ・ミラー様
日付：1997年３月21日
おめでとうございます！

1997年子ども探究大会への応募発表、「塩水と草」に関するあなたの発表は子ども探究大会・選考委員会 で採択されました。私たちはあなたの研究に大いに興味をもち、1997年５月２日にベクトン・ディッキンソン社で行われる大会におけるあなたの発表に期待しています。

発表を準備するときには、次のガイドラインに従ってください。

1. あなたが答えようとした問いが**正確に**提示できているかを点検する。
2. あなたが探究をしている間に書いたノートや記録をすべて読み返して、問いに答えるためにあなたがしたことを**明確に**する。
3. あなたの探究の成果について考える。あなたの問いは答えられたか？　答えられなかった場合は、何が起こったかを説明できるか？　答えられた場合は、あなたの成果が正しいことをほかの人々に納得してもらえるか？
4. 発表を準備する。そこには、以下の点が含まれていなければならない。
   ・あなた自身の問い
   ・同じ問い、あるいは同種の問いについて他の人々が発見したこと
   ・あなたの探究の記述（写真、表、図が入っていると分かりやすい）
   ・あなたの探究の成果（**あなたの発見！**）（図、グラフ、表は、あなたの成果をより説得力のあるものにするだろう）
   ・今後、あなたやほかの人が追究していくと面白いと思われる追加的な問い

発表をするときはリラックスしましょう。誰もが聞き取れるように、ゆっくり、大きな声で話すこと。会場にいる生徒からの質問に対して、ほかの聴衆も理解できるように反復すること。

あなたのクラスと教師は、あなたを誇りに思っています。あなたが自らの発見をほかの生徒科学者たちと喜んで共有してくれることに対して、私たちはみんな感謝しています。

以下の許可書に、あなたの保護者の署名をもらってください。許可書の部分を切り取って、教師に渡してください。

- -

私は、私の子どもに対する、1997年５月２日にベクトン・ディッキンソン社で行われる大会への招待状を読みました。

生徒の署名＿＿＿＿＿＿＿＿＿＿＿＿＿＿＿＿

保護者の署名＿＿＿＿＿＿＿＿＿＿＿＿＿＿＿

子ども探究大会の詳細を説明した正式の書状と許可書は、近いうちにご家庭にお送りします。

ハンズオンの実演

大会での発表に加えて、生徒はハンズオンの実演に申し込むこともできます。この実演会ではいくつかのテーブルが置かれ、実演する生徒は、そのテーブルを使ってほかの生徒に見せるために実演します。見学する生徒は、各テーブルを次々と回っていきます。

ハンズオンの実演では、地震シミュレーターの組み立て、原材料を混ぜ合わせてのパテづくり、アイスクリームづくり、さまざまな物質の酸性度の測定、ボートをつくっての実験、さまざまな種類の磁石での実験、ソーダ瓶と塩でつくる時計、といったことを行います。生徒自身が考案して実施するものこそが、最高のハンズオン実演です。

生徒はポスターをつくり、実演で用いる器具

資料９－３　子ども探究大会におけるハンズオン実演への応募用紙

子ども探究大会・選考委員会 は、子ども探究大会においてさまざまなハンズオンの実演を行いたいと思っています。生徒たちや大人たちは、実際にしてみることからもっともよく学んでいるものです。選考委員会は、ハンズオンの企画・実演を募集しています。以下の事項について記入してください。

名前 ＿＿＿＿＿＿＿＿＿＿　日付 ＿＿＿＿＿＿＿＿＿＿

学校 ＿＿＿＿＿＿＿＿＿＿＿＿＿＿＿＿＿＿＿＿

教師 ＿＿＿＿＿＿＿＿＿＿　学年 ＿＿＿＿＿＿＿＿＿＿

一緒に行う予定のパートナー ＿＿＿＿＿＿＿＿＿＿＿＿

1．これまでの２年間の理科クラスで、あなたが行ったプロジェクトと書いたレポートについて述べてください。

＿＿＿＿＿＿＿＿＿＿＿＿＿＿＿＿＿＿＿＿＿＿＿＿

＿＿＿＿＿＿＿＿＿＿＿＿＿＿＿＿＿＿＿＿＿＿＿＿

＿＿＿＿＿＿＿＿＿＿＿＿＿＿＿＿＿＿＿＿＿＿＿＿

2．これまでの２、３年間に、クラスや学校の雑誌やニュースなどにあなたが発表した科学論文やブックレット（小冊子）のタイトルを書いてください。

＿＿＿＿＿＿＿＿＿＿＿＿＿＿＿＿＿＿＿＿＿＿＿＿

＿＿＿＿＿＿＿＿＿＿＿＿＿＿＿＿＿＿＿＿＿＿＿＿

＿＿＿＿＿＿＿＿＿＿＿＿＿＿＿＿＿＿＿＿＿＿＿＿

3．これまでの２年間に、学校やその他の場所であなたが発見したことを二つか三つ書いてください。

＿＿＿＿＿＿＿＿＿＿＿＿＿＿＿＿＿＿＿＿＿＿＿＿

＿＿＿＿＿＿＿＿＿＿＿＿＿＿＿＿＿＿＿＿＿＿＿＿

＿＿＿＿＿＿＿＿＿＿＿＿＿＿＿＿＿＿＿＿＿＿＿＿

4．あなたが子ども探究大会に応募しようとしているハンズオン実演について書いてください。テーマは何ですか？

5．見学者たちは、あなたのハンズオン実演でどんな活動をすることになるのかを説明してください。

6．あなたのハンズオン実演で使おうとしている素材を挙げてください。

7．あなたのハンズオン実演を見学する人たちに何を学んでほしいですか？

子ども探究大会のハンズオン部門に参加したいと思う場合は、以下に署名してください。あなたの応募は選考委員会 によって審査され、委員会の決定はあなたに知らされます。

応募者の署名 ______________________

教師の署名 ______________________

保護者の署名 ______________________

ありがとう！　幸運を祈ります。

の取り扱い説明書を書き、実演の見学者リストを持参するほか、優れた活動を行った見学者を称える「栄誉の殿堂」証書まで持って来ていました。ある年、紫外線感知ビーズを載せたテーブルを窓の近くに置いたグループがありました。見学者は、ビーズへの効果を試すためにいろいろな素材を使うように促されました。最後に見学者リストを使って抽選が行われ、紫外線感知ビーズのネックレスが当選者に贈られました。ハンズオンの実演は、発表を行うのはちょっと……という内気な生徒にとってはぴったりの活動と言えます。

発表を聴いていた生徒たちが実際に体験してみたいと要望したときには、発表後にハンズオンの実演をしてみせることもあります。前回の大会では、発表の最後に、「あとでハンズオンの実演をするのでぜひ来てください」と宣伝していた発表者もいました。

ハンズオンの実演をする生徒たちも、応募用紙（**資料9－3参照**）を書かなければなりません。ここでもまた、子ども探究大会・選考委員会は、実演が安全であること、操作可能であること、実演にふさわしい活動内容であることを確認します。提出された応募用紙は、教師たちによって最終的な判断が下されます。

生徒によって行われるハンズオンの実演はきわめて好評ですが、すべての大会に組み込まれなければならないというものではありません。探究大会を初めて試みる場合には、「発表だけにする」といったように単純な形で行うほうがよいかもしれません。

発表の記述――自薦広告

大会の日が近づき、子ども探究大会・選考委員会からすべての応募者に対して回答がなされると、生徒は発表の要旨を書かなければなりません。それには、短い自薦広告（一五〇字以下）、発表のタイトル（プログラムに掲載されるもの）、生徒科学者（たち）の名前、そして研究のテーマが含まれています。以下がそのサンプルです。

すべて充電済み！

ティムとジャスティン

電池切れした古い電池を新しい電池で充電できるのではないか、と思ったことがありませんか。私たちは、古い電池を生き返らせる方法について実験してみました。そして、コードを必要としない充電器を発明しました。私たちの発表に来て、私たちが発見したものを見てください。

自薦広告は大会スケジュール表に掲載され、発表の内容に関心のあるすべての人に伝えられます。自薦広告があることによって、発表のグループ分けが簡単にできます。大会が三つの部屋で行われ、それぞれの部屋で三つのセッションがあるとすると、九つの区画が設けられることにな

ります。自薦広告に従ってテーマごとに三つか四つずつにグループ分けをして、それぞれの区画に割り振ります。

私たちは、自薦広告を切り取って札状にし、それを混ぜ合わせたうえでセッションと区画を表す格子状に配列していきます。この作業は、参加する教師にとっては格好の協働作業となりますが、もし学校が遠いところにあって集まれないときは一人の教師が行ってもよいでしょう。

参加申込書

発表のスケジュールが決まったら、部屋とセッションごとに参加申込書（**資料9－4**がそのサンプルです）をつくらなければなりません。この申込書によって生徒たちは、大会においてどの発表を聴くかを選ぶことになります。クラスごとに、それぞれの部屋とセッションの参加申込書を受け付けます。申込書には、特定の部屋と各時間に行われる発表の内容と、部屋の収容人数から割り振られた一定の人数が示されています。

この方法によって、それぞれの発表会場には同数の生徒が集うことになります。たとえば、三つのクラスから全部で九〇名の生徒が参加する場合、発表会場はそれぞれ三〇名が定員数となります。したがって、各クラスは（発表予定の生徒たちも含めて）一〇名を各会場に送り出すことになります。

資料9－4　各クラスにおける子ども探究大会セッションへの参加申込書のサンプル

子ども探究大会 1998
会　場：ベクトン・ディッキンソン
日　程：1998 年 5 月 18 日
時間帯：セッション 2
部　屋：赤ルーム

テーマ：バクテリア
発表者：ジェン・オデル、グレッグ・ミラー
どこにでもあるものって何でしょうか？　いや、空気ではありません。それはバクテリアです。それは、人間を含めてすべてのものを消し去ってしまいます。私たちの発表に来て、私たちがこうした脅威と戦うのを助けてください。私たちはあなた方を頼りにしています！

テーマ：酸＋アルカリ（塩基）＝何？
発表者：スコット・カストロ
（酢と重曹以外の）酸とアルカリは反応するのかどうか疑問に思ったことがある人はぜひ私の発表に来てください。私が発見したことについてお話ししたいと思っています。

テーマ：天然の抗生物質
発表者：キャサリン・ベンダー
私たちの森は、熱帯雨林と似ているところがあるのでしょうか？　両方の森で、抗生物質が見つかります。私の発表に来て、その抗生物質が何かを見てください。

参加者：

1. ______________________________
2. ______________________________
3. ______________________________
4. ______________________________
5. ______________________________
6. ______________________________

名札

記入された参加申込書を使って、教師は生徒の名札を簡単につくることができます。生徒の名前と学校名のほかに、名札には各セッションを表す三つの色が描き込まれています。これによって、大会当日の混乱が最小限となります。第1セッション（赤の部屋）、第2セッション（青の部屋）、第3セッション（緑の部屋）と、各セッションに申込みをした生徒の名札にはそのセッションの部屋の色が順番に描かれます。それによって、誰がどこにいるべきかが簡単に分かるようになっています。

子ども探究大会論文集

最初の大会のとき、数人の生徒が「全部の発表を聞くことができないのは残念だ」と言っていました。参加の申し込みをするとき、同時並行で行われる発表のなかからどれを選ぶかという難しい判断を生徒はしなければなりませんでした。これに対処するためと、大会の進行を記録しておくために、「子ども探究大会論文集」が翌年から刊行されるようになりました。

子ども探究大会論文集には、発表者の探究と発見について書かれた論文が収録されています。子ども探究大会の活動過程に「書く要素」を加えると、探究活動をほかの教科と統合しやすくなります。それに加えて論文集は、その年の秋に新しい生徒たちが探究活動を最初からはじめる場合には最適の読みものとなります。論文の筆者たちは、後輩となる生徒たちのために、論文を書くときの見本を示しているのです。

子ども探究大会論文集に載った科学的な文章は、第7章でその一例を紹介したように、あとに続く生徒たちが読み書きの活動をする際にも多様な使い方ができます。また、論文集は夏期休暇という期間をまたいで、各クラスを次の学年のクラスへとつなぐことにも役立ちます。コミュニティーを形成する道具として子ども探究大会論文集は、生徒科学者の業績を保管し、伝達するための素晴らしい手段なのです。近年に書かれた論文の例を左記に示しました。この論文では、生徒が追究する問いと、その問いがどこから発したか、テーマに関する背景情報、生徒によってなされた発見、そして今後さらに探究し得るいくつかの問いが記述されています。

子ども探究大会論文集に掲載された論文

テーマ：ハムスター
執筆者：ロビー・ヴァスカヴィッチ

私のテーマはハムスターです。ハムスターは研究するのに面白いテーマだと思います。私はハムスターを飼っており、そのハムスターのことをもっと知りたいと思ったので、このテーマを選びました。

私が研究する問いは次の二つです。ハムスターが一日に走る距離を測定することができるか？ もし測定できるなら、それはどのくらいの距離か？

ハムスターは齧歯類(げっし)に属しています。ハツカネズミ、アレチネズミ、ラット、マスクラットの仲間です。「ハムスター」という呼び名は「食べ物を蓄える」という意味から来ています。大半のハムスターはヨーロッパとアジアから来ました。ハムスターは車を回して走るのが好きです。私が読んだ本、アルヴィン・シルバーシュタインとヴァージニア・シルバーシュタインの『ハムスター——そのすべて』によると、ハムスターは綱渡りや斜面滑りが習得できます。格好いいと思います。

この研究をするために、ランニングマシーンから距離測定計を外して、ハムスターが走るときに回す車に取り付けました。父がこの作業を手伝ってくれました。次に、車の円周を測定して一回転の距離を測りました。二〇インチ（約五〇センチ）でした。それから、車の内側に磁石を付けました。そして、マジック・テープを使って距離測定計を貼り付けました。測定計は磁石が通り過ぎるたびにそれを感知します。車が何回転すると、測定計のコンピューターが一単位をカウントするかを調べました。それは六回でした。つまり、二〇インチの六倍となる一二〇インチが一単位ということになります。一二インチが一フィートなので、一〇フィート（約三メートル）が一単位です。

私はハムスターに一日につき一〇個の食物を与えるようにしました。毎日、ハムスターに同じ量のエネルギーを与えたいと思ったからです。

ハムスターは毎日同じ距離を走るわけではない、ということを私は発見しました。一日に走った距離を記録したグラフを見てください。ハムスターが一日に数マイル（数千メートル）も走るということが信じられるでしょうか？　私は、ハムスターがあまりにも長距離を走るのに驚きました。食物の量を変えても、走る距離は変わりませんでした。

ほかの生徒がこの調査を行うとしたら、ハムスターは一週間にどのくらいの距離を走るのかを調べるといいと思います。私は、この研究を続けようと思っています。

参考文献：アルヴィン・シルバーシュタイン、ヴァージニア・シルバーシュタイン『ハムスター――そのすべて』（未邦訳）ニューヨーク、一九七四年

（著者のロビーは、この論文にハムスターの走行距離のデータの棒グラフも載せています。）

こうした論文は、あとに続く生徒が同種の探究をしてみる際、アイディアを与えるとともに面白い結果を生みそうなほかの問いの供給源にもなっています。生徒には独自の発想を促していますが、私は同時に、科学がいかにほかの人が発見したものに依拠しているかについても説明しています。

生徒が子ども探究大会論文集を読み、そこで知った探究をもう一歩進めようと決意する様子を見ることは本当に心が弾みます。こうしたプロセスは科学そのものであり、それがまさに教室において起こるのです！

例として掲載したロビーの発表では、収集されたデータはＯＨＰシートによって表示されました。彼はまた、調査中に起こった問題点についても語りました。ハムスターがワイアーを噛み、磁石をかじってしまいました。彼はさまざまな方法を試みて、ようやくデータをうまく収集することができたのです。

毎年、秋にこれまでの論文を読むときに私は、自分たちがその探究に取りかかれるくらい十分詳細に記述されているかどうかを生徒に尋ねることにしています。時々ですが、論文の記述において、内容をよく理解して、そこでなされたことを再現するには不十分なことがあるのです。

論文を書いたときには五年生だった著者たちも今は中学生となっているため、(3)記述において欠けている部分を彼らに補ってもらうことはできません。不十分な記述の論文を読んだ現在の生徒は、自分たちの論文を書くときには、必要な事項についてより多く記述するように注意することでしょう。生徒が互いに学び合っているということもあって、年を追うごとに論文の質が高まっています。

子ども探究大会論文集の発行体制とその資金は、さまざまな方法を用いることで運営されています。論文が書かれ、慎重な審査を経ると、それらの論文は生徒自身か保護者のボランティアによってタイピングされることになっています。

それらの論文は、その生徒を受け持つ教師が責任をもってコピーするほうがいいと私は思っています。たとえば、三人の教師がジャーナルを一〇〇部作成すると決めたとしましょう。その場合、それぞれの教師がクラスの生徒の論文を一〇〇セット分コピーします。コピーの代金をどのように工面するかは、それぞれの教師が決めます。理科と国語の両方の教育になるということで、お金を出してくれる管理職がいるかもしれません。ひょっとしたら、PTAやほかの保護者グループがコピー代金を支援してくれるかもしれません。また、生徒たちに論文集の代金として二〜三ドルを請求する場合もあるでしょう。それぞれの教師がコピー代をどのように工面するかはともかく、コピーされた論文は一か所に集められ、順番にページを振られて製本されます。

（3）　著者の学校があるメリーランド州の学制では小学校は五年生までなので、五年生は翌年には「中学生になっている」ということです。

司会者

大会当日の前に、各セッションの間ずっと部屋にいる司会者を手配しておくことも重要です。司会者は大人が務め、(名札の色標示を見て)生徒に所定の部屋を教えたり、自分の部屋に迎え入れたりするほか、発表するグループを聴衆に紹介するといったようにセッションの進行を手助けします(発表者は、司会者が紹介する際の資料として、大会前にあらかじめ自己紹介データを提出しておきます。**資料9-5**参照)。大会を円滑に進行させるためには、よい司会者が不可欠です。司会者のためのガイドは**資料9-6**に示しました。

四〇分間のセッションで二つか三つの発表を受け持つ司会者は、各発表者の時間を確保するために時間を慎重に管理しなければなりません。一般的には、発表を八分から一〇分で行い、残りの時間は聴衆からの質問と議論にあてています。司会者は、発表後の議論の進行をサポートします。

最初のセッションでは、生徒はまだ雰囲気に慣れていないためにおとなしい状態です。司会者自らが一つ、二つ質問をすることによって、生徒同士の議論が活発になるようにしなくてはなりません。その場合、次のような一般的な質問をすることが有効です。

「あなたの研究は、このあとどんな方向に進むと考えていますか?」

資料９－５　子ども探究大会：発表者の自己紹介データシート

発表者へのお願い
１．この用紙に記入してください。
２．大会時の発表会場の司会者にこの用紙を渡してください。

名前＿＿＿＿＿＿＿＿＿＿＿＿＿＿　年齢＿＿＿＿＿　学年＿＿＿＿＿

教師＿＿＿＿＿＿＿＿＿＿＿＿＿＿　学校＿＿＿＿＿＿＿＿＿＿＿＿＿＿＿

学校での活動＿＿＿＿＿＿＿＿＿＿＿＿＿＿＿＿＿＿＿＿＿＿＿＿＿＿＿

趣味＿＿＿＿＿＿＿＿＿＿＿＿＿＿＿＿＿＿＿＿＿＿＿＿＿＿＿＿＿＿＿

好きな本＿＿＿＿＿＿＿＿＿＿＿＿＿＿＿＿＿＿＿＿＿＿＿＿＿＿＿＿＿

どうして科学探究に興味をもちましたか？

これまでにあなたが仕上げた探究を一つ以上挙げてください。

あなたが探究したことのあるほかの問いは何ですか？

あなたの将来の夢は何ですか？

あなたはどうして子ども探究大会であなたの探究と発見について発表しようと思いましたか？

子ども探究大会に参加してくれて、ありがとう！

資料９－６　子ども探究大会の司会者ガイド

子ども探究大会の研究発表と共有のセッションの司会を引き受けてくださり、ありがとうございます。司会の役割についていくつかポイントをお示しします。

子ども探究大会は、生徒たちが科学研究のもたらす高揚感を仲間と分かち合うことを目的として企画されました。したがって、発表および発表後の共有のセッションは大会の要となります。

ほとんどのセッションでは、二つか三つの生徒科学者（個人／グループ）による発表が行われます。参加する生徒たちの一部は、すでにお互いのことを知っています。しかし、そのほかの生徒たちは、仲間の発表者の研究内容についてまったく知らないでしょう。

どのセッションも40分間です。セッションの構成はある程度自由ですが、以下の点は必ず行ってください。

- 司会者が生徒の発表者を紹介する（ご自身の自己紹介も忘れず、お願いします）。
- 発表予定のすべての生徒ないしグループが研究を発表する。
- 質問と議論の時間を必ず設ける。

それぞれの科学者（個人／グループ）を紹介してください。それぞれの生徒の短い自己紹介文が渡されているはずですが、渡されていない場合は、生徒の名前と学校をあらかじめ聞いておくようにしてください。

会場に秩序ある雰囲気をつくり出して、時間を管理してください。あなたは、セッション進行の責任者です。セッションは 40 分間で終わらなければなりません。必ずすべての発表者が発表できるようにしてください。

視聴覚機器の操作を手伝ってあげてください。生徒は OHP やスライドやビデオを使うかもしれません。これらすべての機器は会場にあります。

「このあと、どんな研究に取り組もうと考えていますか？」と尋ねてあげてください。発表のあとで発表者たちは、どのような新しい問いをもつか、それらの問いをどのように探究していくのか、どのようにお互いの研究を助け合えるかといった点について考えるよう、生徒を励ましてください。

生徒を、時間より早く部屋から出さないでください。そして、セッションの終わりには、みんなが部屋から出る準備ができているようにしてください。スケジュールは非常に詰まっています。セッションと次のセッションの間は５分間しかありません。

周りには保護者、同伴者、教師、スタッフがたくさんいます。議論や質問の際には、気軽に彼らの手助けを求めてください。視聴覚機器の操作、トイレ、用事（伝言）、時間管理などでも手伝いが必要な場合は、どうぞ周囲の人に手助けを頼んでください。

子ども探究大会の成功のためにご助力くださり、ありがとうございます。

「あなたのテーマについて、これからほかの生徒が探究しようとするなら、どのような問いが立てられますか？」

実際には、発表における質疑応答の時間がもっとも有益な部分かもしれません。発表者の不安感が薄れ、聴衆のなかにもっと知りたいと思ってくれる人がいることを知ってうれしく思うのです。事実、セッションのこの時間に素晴らしい議論が起こったこともありました。

司会者の役割は、見学に来た教師が務める場合もあります（受け持ちの教師は、何か問題が起こったときのために発表会場の部屋を巡回したほうがよいでしょう）。あるいは、見学に来た教育行政職員（彼らにとっては、実際に参加して生徒と一緒に何かをすることは楽しいものです）や、保護者やゲスト（誰にしてもらうか、慎重に選ばなければなりませんが）が務めてもよいでしょう。

大学で行われた大会では、教育専攻の学生に司会者を引き受けてもらいました。司会者を務めるということは、学生にとっても素晴らしい経験になります。通常の教室活動とは違う生徒の能力に接することができるからです。

印刷されたプログラム

大会当日のために、プログラムを印刷しておくというのもよいでしょう。プログラムには、スケジュール、発表のタイトル、色表示された部屋の配置図、大会会場の地図、特別な会合を行う場所の案内、参加校・参加学級のリスト、大会開催に貢献してくれたボランティアへの謝辞とそのリストなどが記載されます。生徒が大会で出会った人たちの名前や電子メールアドレスが書き込めるスペースもあったほうがよいでしょう。

大会当日

何か月も前からの予告を経て、ついに大事な日がやって来ました。一大イベントを前にして、多少心配になるというのは教師にとっては普通のことです。生徒は本当にうまくやれるのだろうか？　ちゃんと準備はできているのだろうか？　生徒は知らない人たちの前で、予行演習したときと同じようにうまく物語を伝えることができるのだろうか？

これまでに私は生徒を「子ども探究大会」に何回も連れていっていますが、それでも彼らがいざ発表をはじめるときには少し不安な気持ちになります。しかし、毎年、生徒は本当に最高の力を発揮し、聴衆の前で見事な立ち居振る舞いをして私や保護者たちを驚かせるのです。

バスが到着し、生徒は素材が入った箱やバッグを降ろします。発表をする生徒は、素材を準備するために会場の部屋に向かいます。その後、全員が大教室か講堂に集まり、歓迎の挨拶を受けます。参加者は割り振られたセッションに分かれ、それぞれの生徒なりの冒険に出発するのです。

初めの二つのセッションと昼食、その後に行われる三つ目のセッションに引き続いて、基調講演を聴くために生徒は大教室ないし講堂に再度集まります。講師は招待された作家や地域の科学者、教育行政職員、教師、大学教授などです。講師が誰であれ、メッセージには本物の科学の話が一つか二つ含まれていることが望ましいし、大会に参加し、探究成果を発表する生徒の勇気を称え、探究と発見の道を歩み続けるよう生徒を励ましてほしいものです。

大会が終わるまでに、すべての生徒が「自分たちは本物の科学者である」と思うようになっています。この点を講師がメッセージのなかで認めているのを聞いて、生徒はより広範な科学者コミュニティーの一員であることを自覚するようになります。

大会が終わり、生徒が家路に就くバスに乗り込むとき、彼らの達成感がはっきりと伝わってきます。ほとんどの生徒にとってこの日は、学校から離れたところで、人々の前に立って話すという初めての経験となりました。彼らは、自分たちの物語を伝え、彼らのデータを聴衆と共有し、図や表を提示し、科学的知識のコミュニティーに貢献したのです。

こうした気分に浸って帰途に就くバスの中で、私は子ども探究大会論文集を配布します。子どもたちは、自分たちの論文を真っ先に見つけて、それを目にしてから、今日会ったほかのクラスの生徒たちの論文を探すために論文集をめくっていきます。この日の夜には、それぞれの家庭で、子ども探究大会での一日についてたくさんの物語が語られることでしょう。

大会後のフォローアップ

大会が終わっても探究は終わりません。たくさんの生徒がデータ収集を続けています。大会での議論を踏まえて、以前の問いをいくぶん変えることになる生徒もいるかもしれません。後輩の生徒が行う探究のために提起した問いですが、後輩に任せるにはあまりにも魅力的なものであったりすることもあります。

先に示したロビーの探究（二三〇～二三二ページの論文）は、ハムスターが一日に車を回して走る距離に関するものでした。子ども探究大会では聴衆から、いろいろな食べ物や砂糖添加物がハムスターの行動に及ぼす影響を知りたい、という意見が出ました。また、ハムスターにはいろいろな種類がありますが、種類によって走行距離が違うのだろうか、という質問もありました。大会のあとロビーは、以前には考えもしなかったようなことを試みようとして、夏の間、探究を継続するための計画を立てました。

多くの場合、私たちの大会は学年の終わり近くに行われています。そのため、家で探究を続けることによって、生徒は面白い夏休みを過ごすことになります。

第5章で紹介したケイシーは、野外教室において植物のなかに発見された抗生物質を探究した年、夏が近づいても探究を続けていました。そのころの森には草木が生い茂っていました。ケイシーは、学年が終わったからといって探究をやめようとは思わなかったのです。

幸いにも私たちは、ケイシーのような生徒たちが家に持って帰れるくらい、たくさんの素材を持っていました。つまり、彼女たちの探究は続いたということです（親たちは、子どもの部屋から変な匂いがするのをいぶかったに違いありません）。

子ども探究大会の事後調査（その一例を**資料9－7**に示しました）は、大会の価値を評価し、大会での経験によって生徒がいかに成長したかを確認するために役立ちます。大会や探究について、生徒はかなり深いコメントを寄せています。

「時に、友情は探究の妨げになります」

資料９－７　子ども探究大会について思うこと：大会の事後調査

名前＿＿＿＿＿＿＿＿＿＿＿＿＿＿＿＿＿＿＿＿

子ども探究大会のために準備し、参加する中であなたが経験したことについて振り返ってみてください。以下の問いに答えてください。

（あてはまるものを丸で囲んでください。）
私は発表者です。私はハンズオン実演者です。

1．子ども探究大会のための準備として、あなたは何をしましたか？

2．大会に参加しているときに、あなたはどんなことを思いましたか？

3．大会のために準備し、参加することによって、あなたはより良い科学者になりましたか？　どうしてそう思いますか？

4．大会によって、科学者であることに対するあなたの考えは変わりましたか？

5．科学について、前には気づいていなかったけれど、今考えるようになったことは何ですか？

6．来年も子ども探究大会を開くべきだと思いますか？　その理由は何ですか？

裏面に、大会に参加して学んだことのなかで最も重要なことについて書いてください。

「年齢によって科学的能力が限定されるということはありません」
「聞くことは本当に大事なことです」
「自分の探究をすることによって、科学者はたくさんの仕事をしていますが、大いに楽しんでいるということも分かりました」

子どもたちが科学することの困難さとその見返りとして得たものに気づくことは、身の周りの世界についての発見と同じくらい重要なことです。子ども探究大会に参加した次の日にジェシカが書いたジャーナルの文章は、この点をもっともよく表現したものと言えます。

子ども探究大会は本当に面白かったので、大会に参加できてとても感謝しています。ほかの生徒たちの発表を聴き、実験を見るのは素敵なことでした。自分が発表するのもとっても楽しかったです。でも、私が好きなのはハンズオンの時間でした。来てくれた人たちが、私のハンズオン活動を自分でやってみようとする様子を見るのはうれしかったです。

来年、子ども探究大会にまた行くことは非常に重要だと思います。というのは、大会は私たち生徒の心と想像力を動かすからです。私たちはこれから、それに備えて、自分で実験をはじめるつもりです。これはとてもいいことだと思います！（早くからはじめれば、トラブルもなくなるでしょうから）

生徒が生涯の学び手になるように手助けするためには、自立するように導くことです。生徒が自発的な学び手にもう一度なりさえすれば（赤ちゃんのときがそうだったように）、私たちの仕事の大半は終了したことになります。再点火された探究心が火花を発するのを目の当たりにするのは、なんと心弾み、心満たされることでしょう。

子ども探究大会についてよく尋ねられることと、それへの答え

問い　クラス全員に、発表の準備をするように言うべきでしょうか？

答え　子ども探究大会の価値は、生徒が経験の主体であるという点にあります。すべての生徒が、大会を自分たちの探究の成果を共有する機会と見なすようになることが確かに理想です。大会のために何かに熱中する生徒はプロジェクトに集中するので、自発的に学ぶようになります。しかし、課題をたくさん出して生徒に多くの選択肢を与えている教室では、努力の対象も多様なものにしたほうがいいかもしれません。私は、発表をするか、ハンズオンの実演をするか、単に参加者として大会に出席するかについて、生徒に選ばせるようにしています。選択肢があれば、少しのことしかしないという生徒もいます。そうした生徒には、大会の準備期間となるクラス活動のときに、解答の仕方がより構造化されていて答えやすい課題を与えています。

問い　大会当日の前に、参加者が互いに知り合えるようになるための教室活動として、どのようなものがありますか？

答え　大会の前に、ほかの学校の生徒と文通したり、電子メールを交わしたりする生徒もいます。こうしたコミュニケーションは、発表の準備をするときにアイディアを交換するために役立ちます。何か月も文通したあとで、実際に大会で会うというのは楽しいものです。

ビデオを交換するという方法もあります。一本のビデオテープをクラスで順番に回して、撮影内容を加えていくというやり方で生徒たちが自己紹介をし、自らの探究について述べていくのです。すべてのクラスを回ったら、最初のクラスの教師にテープは送り返されます。すると、最終的にはすべての生徒たちがお互いを知ることになります。生徒たちは、大会に参加するほかの生徒たちをビデオで見て楽しみます。大会前の数か月間文通している場合は、ビデオで会えることをとくに喜びます(4)。

探究のテーマをクラス同士で交換することも考えられます。私たちは、新聞紙大の紙に探究のテーマを書いて相手校のクラスに郵送して、教室の壁に貼ってもらうことができました。相

---

(4)　現在であれば、インターネットで動画を送り合ったり、ビデオ通話をしたりすることによってこのような活動が容易にできます。

手校の生徒は、それぞれのテーマの紙に質問を書き込んでくれました。書き込まれた紙が私たちのクラスに送り返されてきたのですが、それによって発表の準備をしていた生徒は、聴衆が関心をもちそうなことがだいたい理解できました。これは、発表の内容を決める際に役立つことでしょう。(5)

教室の中にコミュニティーがつくれていると、子ども探究大会は生徒を、教室を超えた、より広いコミュニティーに巻き込む機会を与えてくれます。

問い 大会のなかで、ハンズオンの実演はどの時間帯に設定されていますか?

答え いくつかの選択肢があります。一つは、実演を昼食の時間のあとに(だいたい一時間くらい)設定するというものです。生徒は、昼食をとり終えてから実演を見て回ることになります。この時間に設定するには、生徒が食べ終えてから次のセッションがはじまるのを待つ間、何か面白いこと、楽しいことを提供するという良さがあります。

ハンズオンの実演を、発表の時間帯に行うこともできます。しかし、そうすると、発表のセッションと重なるため、実演を見ることができない生徒が出てくるという問題が生じます。

問い セッションの時間に、発表以外に何かほかの活動を組み入れることはできないでしょうか?

答え それは、大会を開く場所によって変わります。大学などで行ったときには、教育専攻の学生や教授たちによって実験室ツアーが組まれたことがあります。また、いくつかの学校では、教授たちが一つ以上のセッションで特別な実験活動を企画したこともあります。会社で行われたときは、会社の設備見学が組み込まれていました。セッションの時間に発表以外の活動を行うことによって、発表教室における聴衆数の調整がよりしやすくなります。

問い 大会での探究に向けて、教師が生徒に問いを設定するべきでしょうか?

答え いいえ! 生徒が自発的にする探究がもっとも面白いのです。とくに魅力的な問いをもっている生徒を見つけたら、子ども探究大会を念頭に置いて、それを問い続けるようにその生徒を励ましましょう。

探究はすべての生徒が取り組めるものなので、大会における問いの複雑さにはさまざまなレベルがあります。いくつかの問いは、私たち大人からすれば単純なものに見えるかもしれません。しかし、もっとも単純な問いにも科学的な発見が潜んでいるのです。

一九九六年に、男子生徒のルークは空気の力に関心をもちました。彼は、空気の運動がさまざまな素材でできた帆に及ぼす影響を調べたいと思いました。手に持った送風機を使って、さまざまな素材の帆を空気で推進させて、一定の距離に張ってある紐を越えさせる実験を行いま

---

(5) これも、SNSなどのコメント機能を使って簡単に実現できそうです。

した。紙、ボール紙、その他の素材の帆を風であおいで、どれくらいの距離を飛んだかを測定したのです。こうした彼の実験に対して教師は、ともすれば「ある素材の帆が一番遠くまで飛ぶに決まっているよ」などと言い切ってしまうものです。でも、そうした対応は「的外れ」と言えます。ルークは、彼自身の問いを追究するなかで、ありふれたものを使っていかに科学するかを学んだのです。

問い 子ども探究大会で発表される探究は、私の授業での科学実験とどのように違うのでしょうか?

答え 大会で発表される探究は、生徒自身が考え出したり、選んだりしたものです。それに対して、教室で行われている多くの実験は、教師が主導する理科のカリキュラムの一部でしかありません。それらの実験では、結果はすでに分かっており、クラス全員が一緒に行うものとなっています。もちろん、それらの実験は、生徒が科学のプロセスを理解することを助け、のちの知識の土台となる先行的知識を与えるという意味では価値があるでしょう。

一方、大会で発表される探究は実際の研究を体現したものであり、出発点では答えはまだ分かっていないのです。生徒がカリキュラムにある実験や、子ども探究大会論文集に載っているほかの生徒の探究を選んだとしても、結果は前もって決まっているわけではありません。授業での実験と大会における探究の違いは、生徒がその探究をどれぐらい自分のものにしているのかという点にあります。自分のものとして行われる探究は、まったく別の姿をもつようになるのです。

問い　「小学校理科統合プロジェクト（ＥＳＩＰ）」のような組織に手助けしてもらえないような状況のなかで、どのようにしたら独自の探究大会を企画することができるでしょうか？

答え　メリーランド大学ボルティモア校におけるＥＳＩＰは、大会を初めて実施するときに重要なところで支えてくれました。ＥＳＩＰのスタッフが、会場の配置や事務的な課題の処理など、大会が成功するための援助体制をとってくれたことで大会開催への道筋が整いました。しかし、大会開催の目標は、教師たちが自分の力で進化し、持続し得るモデルを構築する点にありました。大会が大学や企業などで開催されるようになると、年を追うごとにＥＳＩＰの役割が減少していきました。近年では、ＥＳＩＰのネットワーク以外の教師たちが、これまでの蓄積から学び、独自の改革を実行して、自力で探究大会を開催しています。

独自の大会を企画する際にもっとも重要な要素は二つあります。一つは、探究大会の実施に中心となってかかわる三、四人の教師集団であり、もう一つは、自分たちが発見したことを共有できるという生徒の能力に対する揺るぎない信頼です。こうした点が満たされていれば、あなたの探究大会は間違いなく成功するはずです。

第 3 部

評価

第10章 評価方法

授業の過程において、たえず評価は行われています。学年の最初、生徒に会ったときからはじまり、最後の日まで続きます。年間を通してずっと、私は生徒の進歩の証拠を常に探し求めて評価をしています。

教師として私は、次のような三つの基本的な問いを自らに発しています。

・生徒は何を知っているのか?
・生徒は何ができるのか?
・生徒がすでに知っていることやできること以外に、何を知り、何をできるようになることを、私は生徒に求めているのか?

評価するためには、学年が進むにつれて生徒がどのような段階にいるべきかについて慎重に観察し、はっきりした自分なりの考えをもっていなくてはなりません。

とくに、探究理科における生徒の成長に関する評価には、いくつかの異なったアプローチが必要となります。ある面では、探究理科は評価しやすいと言えます。生徒が目に見える成果を生み出す、多くの活動を行っているからです。活動中の態度を観察し、活動の成果を見れば、生徒がどこまで進歩しているのかについて評価することが容易になります。

他方、探究アプローチは生徒の自発性と自立心を育むことを目指しているため、生徒は多様な領域で活動することになります。この点に関していえば、伝統的な評価の仕方では難しいと言えるかもしれません。[1] したがって、伝統的ではない評価の仕方と生徒の自己評価がより重要なものになります。

(1) 「伝統的な評価」の典型が教え終わったあとに行うテストやレポートの提出などによるものであるのに対して、本書が念頭に置いている「伝統的ではない評価」とは、生徒たちが探究に取り組んでいる期間を通じて行われる形成的評価を主要軸としたものです。形成的評価の具体的なあり方については、次節において紹介されているさまざまな評価のあり方が参考になります。また、本章で紹介されている、生徒たちが新たに知ったり、できるようになったりしたことを説明したものを評価する「パフォーマンス評価」や「生徒たちの相互評価」も「伝統的ではない評価」です。

探究の行動

学年の最初の日から私は、最終的に目指すべき、生徒の成長の姿を明確に見定めています。一人ひとりが自立して探究する段階に至っても、教師は生徒たちがどこに向かい、どのようにしてそこに到達しようとしているのかについて**把握しておく必要があります**。そして、はっきりと規定され、観察できる生徒の行動が探究理科の過程に関する理解度を表していますので、評価の際にそれらが中心的な位置を占めなければなりません。

年間を通して私は、以下に見ていくような問いを反芻しています。それらの問いは、私が教室における生徒たちの進歩と私自身の役割の成功度を評価するときに用いる、もっとも重要な指針を表しています。

①実証できる問いを立てているか？

教師同士での会話で、問いを評価する方法を見つけ出そうとしたことがあります。生徒自身の問いがもっともよいものだと本当に思っているのなら、疑問をもった生徒が発した本物の問いに対して、どのようにして「良い」とか「悪い」と判断できるのでしょうか？　私たちは、この点について次のように考えることにしました。

もし、その問いによって、これまでは知らなかったことを説明できるような、観察可能な本物のデータを生み出す探究に生徒が導かれるのなら、その問いは「良い問いである」と判断できます（探究をより有意義なものにするために、生徒の問いの表し方に注意させる方法については、三七〜三八ページの**資料2－3**を参照してください）。

②問いに答えるために妥当な実験を設定しているか？

生徒は常に、どのようなことが起こるのか知ろうとしています。低学年の生徒は変数の要素をなかなかうまく扱うことができません。妥当な実験では、相関関係や（ある種の場合における）因果関係があることを決定づけるために、一回に一つの変数しか変化させないようにしています。

③体系的かつ論理的にデータを収集しているか？

データがなければ、科学は存在することができません。生徒は生まれてからずっとデータを集めているわけですが、情報を効率的に収集し、まとめていけるようにするためには指導が不可欠です。私の場合、生徒が集めたデータを見て、それがどの程度重要か、またそれがほかの情報と関連しているかどうかについて生徒に説明させています。

④探究と関連する情報を求めて本を読んでいるか？

生徒がどのような本を読んでいるのかについて知ることは、探究に対する彼らの関心や熱心さの度合いを評価する場合に役立ちます。図書館で本を借りたり、教室の図書コーナーにある本についてアドバイスを求めたりしてくる生徒は、ほかの人たちが発見したことを知り、それらの情報が自分の探究とどのように関連するのかについて知ろうとする強い意志があるものです。

⑤変数の要素について理解していることを表現できるか？

実験のプロセスでは、独立変数を変化させます。従属変数はそうした変化の結果です。たとえば、さまざまな斜面でボールをバウンドさせる実験では、それぞれの斜面が独立変数であり、バウンドの高さが従属変数となります（実験を通じて、ボールが同じものであれば、それは制御された変数ということになります）。

低学年の生徒にとっては、こうした変数の種類を区別することが難しいかもしれません。独立変数を「変化させる変数」と呼ぶと分かりやすいでしょう。相関関係を観察するほうが因果関係を判定することよりもはるかに容易ですが、あることをすると別のことが起こるということ（因果関係）について説明をしている生徒は、起こったことはある行為の影響を受けていると理解しています。

⑥変数の条件制御を理解して用いているか？

探究において変数を扱っているとき、変数の条件制御を適切に用いていることで、生徒が妥当な実験とはどういうものかを理解していることが分かります。変数の条件制御は、もろもろの結果に対する一つ以上のあり得る原因を除外していくために用いられます（探究において生徒が変数の条件制御を用いる例としては、第5章の「探究実践例——天然の抗生物質の探究」（一二二～一二八ページ）を参照してください）。(2)

⑦観察結果を使用可能なデータに変換することができるか？

生まれてからずっと、生徒は身の周りの世界を観察してきています。ある意味、カメラも同じかもしれません。生徒とカメラの違いは、生徒は観察した結果をデータとして記録し、その記録をのちに用いることができるという点にあります。

昆虫を観察していて、昆虫がやって来るある花の色に注目した生徒は、その観察結果をデータとして記録します。生徒が観察結果について語るとき、私は「その観察結果が重要だと、どうし

---

(2) 「天然の抗生物質の探究」では、ペーパーディスクにネギやサンギナリアなどの植物のエキスを染み込ませたものと、ペーパーディスクだけのものとの対照実験が行われていました。この実験における条件制御された変数は、「エキスの種類（あるいはエキスの有無）」になります。

て思ったのかな?」とか「この観察結果は、観察した対象について、これまでのところどのようなことを語っているのかな?」と尋ねています。

紫外線感知ビーズを振ると色が変わるという観察をジョーが述べたとき(第2章の「探究実践例——最初の日の発見」(四六~四九ページを参照)、彼はビーズに起こったことを説明するための有効なデータを集めていました。彼が出した結論が間違っていたということは、彼が着目した相関関係を弱めることにはなりません。ジョーは、これまでの無数の科学者たちと同じく、因果関係を正確に説明するだけの十分な観察結果とデータをもっていなかっただけです。

⑧探究の過程でほかの生徒たちと話し合っているか?

新学年の初期、最初の探究期間中とそれに続く時期に、それぞれの生徒が自らの活動についてクラスの前で話す機会をつくれば、生徒たちが観察や探究の結果を共有する手始めになります。その後の探究期間中に私は、一緒に活動している生徒たちが互いに話し合うように配慮しています。彼らの対話を聞いていると、彼らが考えていることがよく分かり、うまく協働している様子も伝わってきます。そして、学年の後半には、科学読みものの読書仲間に彼らの物語を伝えたり、子ども探究大会の研究発表に応募したいと思ったりするようになるでしょう。

私は、教室の科学コミュニティーが生徒たちの間の情報交換の流れを可能にし、促進するように気を配っています。

⑨とくに探究において思わぬ結果が生じたときなどに忍耐力を示しているか?

熟練した科学者は、自分が熱中するテーマの探究により深くかかわっていくものです。科学者は、結果がつまらないものだったり、思い通りのものでなかったりしても、進んで時間とエネルギーを費やすものです。活動や探究を継続することがなかなかできない生徒に対しては、別の選択肢を示したり、指導を行ったりする必要が生じる場合もあります。もちろん、最良とされる科学者たちでも探究をあきらめることがあります。

ある意味、探究理科は本を読むことに似ています。私たちは、生徒が選んだ本に対して、その本が最終的に面白いかどうかが分かるまで読み進めるように励ましています。こうした態度は、私が読み聞かせを行う際に、「好きな本のなかにも、最初はあまり面白いと思わなかったものもある」と言っていることに似ています。最初のほうで読むのをやめてしまったら、そのあとのページは、私にとっては永遠に失われたものとなってしまいます。

科学的探究も同じなのです。ある種の探究にともなう退屈さと単調さは、しばしばのちの発見につながるプロセスのなかで生じるものなのです。先輩たちが、初めのうちは欲求不満や失望感をもったにもかかわらず、最終的には素晴らしい成果を得たという話(ハエの研究グループや抗生物質の研究グループなどがそうだったように）は、現在の生徒たちがあきらめることなく前進するうえにおいて励ましとなるでしょう。

⑩将来も使えるようにデータを記録しているか？

データを収集している生徒は、それを記録するように促されます。私は、（発見ボックスのフォルダーのなかにある）「発見記録シート」や「契約ジャーナル」、そして「対話ジャーナル」を点検しています。

どのデータが将来必要になるのかについては分からないので、できるだけ多く記録することが大切となります。生徒がリストを書き、数を記録し、図やスケッチや表をつくり、それらすべてがのちに取り出せるところに置かれるように見守っています。

⑪新しく得られたデータに基づいて新しい問いを立てているか？

問いの進展は探究を推進する燃料となります。生徒が単に課題をこなすために問いを立てているのか、もしくは、絶えず自分自身の問いを立てているのかについて私は見分けようとしています。クエスチョン・ボードは、日頃の会話と同じく、評価のための豊かな材料になります。

⑫自発的な探究を行っているか？

生まれつきの科学者を生涯にわたる学習者へと育むためには、自立性と自発性を備えるように促す必要があります。純粋な関心に基づいた自発的な探究に取り組み、探究を行うにあたって必要とされる知識とスキルをもっている生徒を見ていると、彼らが科学の価値を習得する方向に向かっていることが分かります。

⑬発見ブックに記入したことがあるか？

どんなに小さなものに見えようとも、発見があったときには発見ブックに記入するよう、生徒にすすめています。評価の手段となる発見ブックは、生徒によるさまざまな問いや発見とともに、どのように発見されたかや細部を表すスケッチなどが記入されている記録となります。

誰かほかの人がその実験を追試（追実験）できるくらい詳細な実験記述ができるようになることが、私たちの目標です。発見ブックに収録された記述は、生徒たちが探究を通じて得た科学の考え方を上手に伝えられるようになったことを示しています。

⑭ほかの人たちの探究や実験を再現することに関心をもっているか？

時に生徒は、先輩たちの探究に関心をもって、彼らがしたことを再現しようとします。こうしたことに興味をもつということは、生徒が以前に遂行されたことを読んで理解していることを表しています。さらに、ほかの人の成果を再現しようとするとき、しばしばその過程で独自の問いを展開していきます。こうした行動は、年間を通じて養われるコミュニティーの意識を強めることになります。

⑮さまざまな探究の間につながりを見いだしているか？

探究のサイクルは螺旋状に回転していきます。科学の進展は、孤立してなされたものではありません。そこには、関連性が必ずあるのです。この点は、教室での探究においてもまったく同じです。

私は常に、生徒が関連づけを行っているかどうかについて確認をしています。たとえば、生徒がある探究を行っているときに別の探究の成果を用いているかという点や、生徒がデータを比較する際、それらの相違点や共通点に着目しているかどうかという点です。また、生徒が探究について記述する際、子ども探究大会論文集に掲載されている論文や、ほかの生徒の名前、本で読んだことについて言及しているかどうかにも注目しています。さらに、ほかの人の探究成果によって自らの探究の方向づけに影響を受けたのかどうかについても注意を払っています。

社会的な営みとしての科学においては、科学者たちの間のつながりとその探究との関連にも目を向ける必要があります。生徒たちに関しても、この点に注意することが重要となります。

チェックリスト（点検項目）

指標となる行動は、生徒の進歩の度合いを判断する際に役立つ重要な手がかりです。**資料10－1**に示した「探究理科の指標チェックリスト」は、形成的評価の手助けとなります。このリストは、上から順に、いくつかの異なる指標を表す質問からなっています。チェックリストは、生徒が行っていること、とくに課外で行っていることを記録する場合に役立ちます。観察された彼らの行動はどのように変わったのか？　どの領域で彼らは進歩しているのか？　などについてです。

このリストを用いれば、探究の成功にとって重要となる行動軌跡を追うことが容易になります。チェックリストは、数週間から数か月に及ぶものになるでしょう。すべての事項を観察するためには、それぐらいの時間がかかるのです。チェックリストは学年が進むにつれて更新されていきますが、学年の全期間を通じて一つのものが用いられます。

これらのデータは、保護者との面談の際にも活用することができます。また、私自身を評価する際や、私が生徒に教室でさせようとしたことを評価する際にも役立ちます。たとえば、生徒がデータを記録していないことや、ほかの生徒が記録したデータと比較していないことに気づいた

資料10－1　探究理科の指標チェックリスト

名前＿＿＿＿＿＿＿＿＿＿＿＿＿＿＿＿

この生徒は：	しばしば	時々	たまに	全然
1．実証できる問いを立てる。	＿＿	＿＿	＿＿	＿＿
2．問いに答えるために妥当な実験を設定する。	＿＿	＿＿	＿＿	＿＿
3．データを体系的・論理的なやり方で集める。	＿＿	＿＿	＿＿	＿＿
4．追加すべき素材が何かが分かり、それを探す。	＿＿	＿＿	＿＿	＿＿
5．探究と関連した追加情報を求めて本や資料を読む。	＿＿	＿＿	＿＿	＿＿
6．実験における変数の要素を理解している。	＿＿	＿＿	＿＿	＿＿
7．変数の条件制御を理解し、それを用いる。	＿＿	＿＿	＿＿	＿＿
8．観察結果を利用できるデータに変換する。	＿＿	＿＿	＿＿	＿＿
9．現在行われている探究について、ほかの生徒たちと話し合う。	＿＿	＿＿	＿＿	＿＿
10．忍耐力をもっている。とくに、探究中に予想していない結果が出た場合も我慢づよく対応できる。	＿＿	＿＿	＿＿	＿＿
11．同様の探究を行っているほかの生徒たちのデータと比較する。	＿＿	＿＿	＿＿	＿＿
12．将来利用できるようにデータを記録する。	＿＿	＿＿	＿＿	＿＿
13．新しいデータに基づいて新しい問いを立てる。	＿＿	＿＿	＿＿	＿＿
14．モデルを新たにつくり出すか、改造する。	＿＿	＿＿	＿＿	＿＿
15．自発的な探究をしている。	＿＿	＿＿	＿＿	＿＿
16．発見ブックに記事を書く。	＿＿	＿＿	＿＿	＿＿
17．さまざまな探究を関連づけられる。	＿＿	＿＿	＿＿	＿＿
18．ほかの人の探究を再現することに関心を示す。	＿＿	＿＿	＿＿	＿＿

ら、データや手順を書き記すことの重要性についてクラス全員にミニ・レッスンを行うことになるでしょう（第5章に示したケイシーの物語で、彼女が記録してなかったことを残念がったことについて話すのもいいかもしれません）。

チェックリストは、量的なデータとして扱えるようにもできます。「しばしば」を3点とすれば、「時々」は2点、「たまに」は1点、「全然」は0点ということになり、全体の点数も計算することができます（記述の仕方によっては、点数が逆になることもあるでしょう）。チェックリストの点数評価を妥当なものとするためには、各項目が等価の重要性をもつようにしなくてはなりません。

点数化をしてみて、その妥当性を吟味するというのは興味深いことですが、私自身は点数化について賛成していません。量的な記録はあまりにも杓子定規であり、数値化した結果をむやみに当てはめることは、不正確な評価になってしまうという危険性を常にともなうことになるからです。数値化する方法を用いる場合には、ほかの評価手段による結果で調整されるべきです。

全米研究協議会の『全米理科到達目標』による評価においては、バラバラの科学的知識の測定や、生徒が何を**知らない**かの判定や、担当教師による期末試験にはあまり「重き」を置かないようにと書かれています。『全米理科到達目標』は、もっとも価値あることを評価すること、科学的な理解力と推理力を評価すること、生徒が**知っていること**を評価することにより力点を置くように、としています。

生徒が自らの探究やほかの生徒の探究を評価し続けるようにすることが、さらに重要視されなければなりません。これらの点を踏まえると、各単位期間の最後に伝統的なテストをするというやり方を超えた独自の評価方法について考えることが大切です。

評価と通知表の成績について、ひと言述べておきたいと思います。生徒の行動や成果、そして進歩を成績という形に転換させることは、教師の仕事のなかでもっとも辛い作業です。私は、この作業を客観的なやり方で行うことはできないと思っています。さらに言えば、成績をつけるというプロセスは、私たちと子どもたちとの関係を「すっきりしないもの」にさせています。

私たちは、どのようにすればコーチであり、相談相手であると同時に判事でもあるといった立場になれるのでしょうか。生徒から信頼と信用を得ていても、私たちが成績をつけるという巨大な権力をもっていることが明らかになれば、信頼関係は根本から崩れるかもしれません。

教室における私たちの役割に関して、「バランスをとる」ということは取り組みがいのある事柄となります。多くのカリキュラムは、教師が利用すべき評価法を含んでいます。それらは、公式の成績をつけるうえではよい情報源です。しかし、探究学習においては、成績をつけることと評価は必ずしも同意語ではないのです。努力と進歩が、個々の生徒を評価し、私たち教師を同志として信頼する生徒の気持ちを保持するための重要な要素とならなくてはなりません。

生徒を観察すること

学年の初期では、生徒に何ができるかを見極めることが重要です。理科学習における探究アプローチをすでに経験している生徒もいることでしょう。しかし、そうでない生徒にとっては、教科書を閉じて、未知の、海図のない探究という海域に身を乗り出すのは新しい冒険となります。最初の探究期間は、生徒が科学についてどのように考え、科学をどのように実践するかについて、たくさんの情報を私たちに提供してくれます。

その際、「生徒観察」が重要なデータをもたらしてくれます。とりわけ、探究のように多様な活動を行っている場合にはそうなります。「探究の時間」に各グループを回り、立ち止まって彼らの会話を聞き、彼らの思考過程を読み取るという行為は本当に楽しいものですし有益でもあります。時々、私はクリップボードを持っていきますが、たいていは頭の中に記憶するようにして、「評価している」と思われないようにしています。フランクな話し合いは、くつろいだ、自然なものになります。

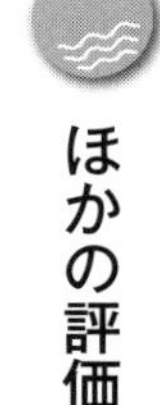

ほかの評価材料

教師はさまざまな理由で評価します。評価には、生徒が何を必要としているかを担当の教師が知るための手がかりとなるほか、授業計画の手引きになるという面があります。こうした評価は、学年の初期や、新しい単元や学習テーマがはじまるときによく行われます。また、評価は、探究がうまく進展しているかどうかを教師が見極める手助けともなります。こうした評価は、一般的には単元の後半に行われ、より総括的なものとなります。教師は当初の目標を点検し、目標の達成具合によって、自らの成功度と生徒の進歩の度合いを評価します。事前テストと事後テストは評価の伝統的な形態です。

公式のカリキュラムには、内容理解を確認する慣習的なテストが含まれています。成績をつけるためにそれらのテスト結果を利用することは最小限に留めるとしても、この評価手段にも有用な情報をもたらす面があります。

伝統的なテストにおいても、生徒が資料フォルダーを参照してもよいとすれば、学習効果をもたらす可能性があります。資料フォルダーを参照してもよいテストは、記憶力をテストするのではなく、生徒に適切な情報を探し出すための力をつけさせるからです。のちに受けるテストでフォルダーが参照できると知っていれば、生徒は、自分のフォルダーを絶えず更新するという本来的な意味を理解することになるでしょう。

探究中心の授業では、教師は観察し、評価する材料をより多くもてるという幸運に恵まれています。これまでに示したもののなかからいくつかを選んで検討し、それらがいかに生徒の進歩を評価するために使用できるかについて見てみましょう。

①生徒へのアンケート調査

このアンケートには、正答も誤答もない質問が含まれています。それらの問いは、生徒の態度を知るための格好の手段となっています。私は、学年の理科の授業の全期間を通じて起こる生徒の態度の変化を判断するために、このアンケートを何回か行っています（**資料２－１**参照）。

②理科で学んだことについての問い

この書式はアンケートの形を取っているため、正答も誤答もありません。しかし、回答は、以前に学んだ理科の領域で覚えているものや、将来の探究にとってとくに興味深い領域について知らせてくれます。このアンケートからは、生徒それぞれを知るために有用な情報を得ることができます（**資料２－４**参照）。

③子ども探究大会論文集に掲載されている論文の評価

この活動は、子ども探究大会論文集に掲載されている論文を読むことと、読み手の反応とを結びつけます。読み手は、執筆者のコミュニケーション能力を評価します。私は、読み手が論文から問いを引き出す能力や、探究を遂行するために執筆者が行ったことを再現する能力を評価しています（**資料2－5**参照）。

④科学的発見の記録

生徒は、この用紙に発見ボックスを使った経験を記録しています。ここから私は、実証できる問いを立てる力、実験のある局面で（語句による説明つきの）スケッチをする力、その問いと実験を行って発見したことを説明する力を評価しています。長さや量の測定も、そのなかに含まれていなければなりません。生徒が適切に記録することの大切さを知れば、それぞれの「探究の時間」のあとに発見記録を十分に仕上げられるようになると期待できます（**資料4－5**参照）。

⑤発見ブックに載せる生徒の発見シート

発見ブックに載せる発見シートを書くことは任意となっていますが、シートの執筆は、私たちの科学コミュニティーに貢献しようとする生徒の思いを表しています。生徒の書いた発見シートが、誰かほかの人がその実験を追試できるだけ詳細かつ明確に記述されているかどうかに注意して評価しています（**資料4－5**参照）。

⑥野外教室の生き物

この用紙は、生徒が詳しい記述やスケッチで情報を伝える力をもっているかどうかを評価するための、さらなるデータになります。これは野外環境にいる生き物を記述して、『野外教室生き物ブック』に掲載される記事を書くために用いられるものですが、生徒はここでも書くことを促されます。『野外教室生き物ブック』に掲載されるためには、生徒が実際に見たことが記述されていることと、生徒がその記述を野外活動図鑑で確認していることが野外教室委員会によって認められなければなりません。

委員会のメンバーである生徒たちは、評点によってではなく信頼性によって記事を提出した生徒を評価します。こうした評価こそが、本来の科学的評価なのです（**資料5－2**参照）。

⑦探究助成金応募用紙

科学的研究に資金を提供してもらうために人々を説得する能力は、現代科学では必須のものです。助成金を獲得するためには、自分の研究が検討に値するものであることを周囲の人々に訴えて、成功の可能性があることを示さなくてはなりません。助成金応募用紙を完成させることによって生徒たちは、研究計画への予算配分から見込まれる成果の評価まで、自分たちの探究をすべての点で自己評価し、点検しなければなりません。

これらの書類が助成金審査委員会で審査されることによって、評価が行われます。評価結果は、評点によってではなく、助成金の金額によって示されます。委員会が納得すれば、生徒は助成金を受け取ることができます。探究理科の活動に対する実社会での評価が、これほどリアルに行われることはほかにありません（**資料7－4**参照）。

⑧探究実施計画

この書類は、生徒にとっては次の探究期間における計画を記述するものであり、教師にとっては、生徒が何をしようとしているのかを知るのに役立ちます。教師はこの情報によって、生徒の進歩に関する概要がチェックでき、評価することができます（**資料8－2**参照）。

⑨契約

生徒との契約に署名する前に私は、その生徒が契約を首尾よく実行できるかどうかについてもチェックしています。もし、生徒がすでにほかの活動で忙しかったり、これまでに課題達成に手こずった経験があったりするときには、もっと時間の余裕ができるまで待つよう、その生徒に助言しています。

契約に署名したあとは、契約そのものに列挙されている項目の進行と達成を評価しています。契約期間中、項目の内容によって生徒自身が評価できるように、契約の項目が明確に記されている必要があります（**資料8－1**と**資料8－4**を参照）。

⑩子ども探究大会での発表への応募

子ども探究大会・選考委員会（普通は、その授業を受け持っている教師によって構成されています）は、（発表やハンズオン実演への）応募の審査を担当します（**図9－1**参照）。

評価の一部は公式の成績と結びついています。生徒が特定の活動や課題をよく遂行した場合、そこに進歩の証拠が表れていれば、その結果を成績の素材として私は記録しています。逆に、**うまくできなかった場合**は、結果を記録することはしますが、それを成績の素材とはしません（私は、常に進歩の証拠を求めているのであって、失敗の証拠を求めているわけではありません。この点に関しては、生徒によく言ってあります）。

生徒が苦手とする領域を知っておくことは重要です。とはいえ、今できないこと（来週か、来月にはできるようになるかもしれません）で生徒を責めることは、その生徒をサポートしていることにはなりません。

生徒一人ひとりが自らの成長を自覚するためには、生徒に対して絶えずフィードバックを与えることが肝要です。たとえば、何でもやりたがるポールという生徒がいます。彼は教室で与えられた選択肢に興味を示し、そのうちのいくつかを実行しようと夢中になりました。彼は、自然採集物展示テーブル委員会に加わるとともに二つの契約を行いました。一つは磁石を用いた探究を行うものであり、もう一つは野外教室ニュースレターに記事を書くことでした。

ポールは、磁石研究で集めたデータを正確に記録することにてこずっていました。ポールの契約ジャーナル記事を読んで私は、分かりにくいグラフがあることと、記述のなかに飛躍した面があることに気づきました。しかし、ここで悪い評点をつけてしまうと、ポールは今後、探究の契約をしなくなってしまうでしょう。

私はポールと、彼が成し遂げたことの長所について話し合いました。そして私は、データを適切に表すためには表を作成するほうがよいと説明しました（彼は、算数の授業で表についてはすでに学んでいましたが、本物のデータを示すための表をつくるのは初めてだったのです）。一週間後、大幅に改善され、まさに進歩の証拠が見られる契約ジャーナル記事をポールは提出しました。この努力を見て私は、彼が最善を尽くしたことを確信したので、改善されたジャーナル記事のほうを成績のための評価材料としました。

パフォーマンスの評価

評価は、生徒が何を知っているかについてだけでなく、何ができるかについても行われるべきです。標準化されたテストにおいても、ますますパフォーマンス（何ができるか）を評価する要素が含まれるようになっています。

メリーランド州における「メリーランド州学校パフォーマンス評価プログラム（Maryland School Performance Assessment Program）」は、三年生、四年生、八年生向けのテストで構成されています。この理科のテストにおいては、生徒はあるテーマのもとに選書された本を読んで、小グループでそのテーマについての探究や、実験によってデータを集める活動を行います。それから、読んだもの、経験したこと、収集したデータをもとに生徒は、設問に対して答えを書いていきます。こうしたテストにおける生徒の解答は、さまざまな科学的成果を示しています。

パフォーマンス評価における課題は、読み書きの要素を含んでいるため、データ収集活動とともに本物の科学的探究と同じような状況をつくり出していると言えます。公式の評価手段として、パフォーマンス評価は伝統的な標準テストよりもはるかに多くのことを測定することができます。

探究中心の理科教育は、パフォーマンスに軸を置いています。そこでは、パフォーマンス評価を本来の仕方で実施することができるでしょう。

読みの要素としては、科学読みもの、子ども探究大会論文集、生徒が書いた記録シートなどがあります。データ収集の要素は、生徒が探究や実験を企画し、実行するところにあります。そして、もちろん書く要素についても、探究過程の至る所に盛り込まれています。生徒は、データや手続き、そして論文集に載ったほかの人の情報を記録し、論文や記録シートを書いているのです。ここには、科学的プロセスを模した課題の一部を行うというのではなく、科学者コミュニティーを通じて本物の科学を実践するという「本物のパフォーマンス評価」があります。それによって教師は、生徒が何を知っているかとともに、何ができるかについても見極めることが可能となります。

生徒たちによる相互評価

科学におけるもっとも重要な評価要素は信頼性です。科学者は、報告されたデータが正確であることを研究仲間に納得させなければなりません。懐疑的であり、クリティカルであることは、科学者が共有する重要な特性となります。

教室では、若い科学者たちが本物の科学者たちと同じく、互いを説得するという「任務」に取り組んでいます。議論が行われ、公式の論文や研究発表が準備されるとき、生徒の関心事は、しばしば「私はほかの人たちに信じられているのだろうか?」という点にあります。この問いに向き合う一つの方策は、生徒自身が納得しているかどうかを自問することです。データと他の資料から得た情報が説得力のある議論をするうえにおいて重要であることを生徒が知るためには、これまでの子ども探究大会論文集の信頼性を評価してみることが有益となります。論文を読んだあとに生徒は、「自分はそれを信じるか?」と問い、そして「なぜ信じるのか? なぜ信じないのか?」と尋ねて、自身が論文のなかの何を信じているのかについてよく調べ、論文の主旨を受け入れさせた要素をチェックします。

子ども探究大会に参加したとき、生徒は成績のことを心配したりしません。彼らは聴衆たちの前に立ち、自分が発表することが聴衆に信じられることを望んでいるだけです。大会のための準備において、その中心を成すのは教室での発表練習です。生徒は、互いの発表に対して評価表（**資料10－2**）に評価を書き込みます。その情報は、研究発表する科学者として、生徒が自己評価する際に不可欠となります。

生徒は、教室で開催される委員会でも相互に評価することがあります。助成金申請書類（第7章参照）の価値を評価する手助けをする生徒は、申請書類の情報を慎重に検討しなければなりま

資料10－2　子ども探究大会発表に向けての発表練習の評価表

発表者＿＿＿＿＿＿＿＿＿＿＿＿＿＿＿＿＿＿＿＿＿＿＿＿＿

テーマ＿＿＿＿＿＿＿＿＿＿＿＿＿＿　日付＿＿＿＿＿＿＿

適当な数字に丸をしてください。

発表者のうまさの評価	効果的だった		効果的ではなかった	
1．問いが記述されていた。	3	2	1	0
2．テーマの背景知識が共有されていた。	3	2	1	0
3．探究が説明されていた。	3	2	1	0
4．発見が語られていた。	3	2	1	0
5．将来の研究のための追加の問いが示されていた。	3	2	1	0
6．データを示すために、OHP用紙、表、グラフ、図が使われていた。	3	2	1	0

7．この発表は説得力がありましたか？　なぜ説得力がありましたか／なぜ説得力がなかったのですか？

8．この発表のどこが特によいと思いましたか？

9．どのようにしたらこの発表をもっとよいものにできるでしょうか？

10．このテーマについてあなたがもっと質問したいことは何ですか？

せん。「申請を認めてその探究に資金を出すことによって、どのような知識が得られるのだろうか？」、「どのようにしてデータは収集されるのだろうか？」、「うまくいく可能性はどのくらいあるのか？」など、子どもたちは助成金が認められる過程を申請者とは別の立場で経験することによって、自らが助成金の申請書類を書くときの準備をしているのです。

同様に、『野外教室生き物ブック』（**資料5－2**）への掲載記事を審査する野外教室委員会に加わっている子どもたちは、情報の妥当性を評価しなければなりません。これらの生徒は、正確なデータが的確な配置で豊富に示されていること、ほかの人たちの発見に言及していること、スケッチや図表、綴りが慎重にチェックされていることなど、記事の受け取り方に影響を与える要素について非常に多くのことを学んでいます。

ほかの生徒が提出したものを審査すると、説得力をもつためにすべきことを生徒は理解するようになります。こうした評価を行うことは、理科という教科を超えて有効なものです。

生徒は、相互評価することによって、より適切に自己評価ができるようになります。生徒が生涯の学び手になることを真に望んでいるのなら、生徒が適切に自己評価できるように指導することが、私たち教師の究極の役割となるのです。

あとがき

探究は非常に単純だし、自然なものです。それはおそらく、子どもだったときに、誰しもが遊びのなかで発見のスリルを味わっていたからでしょう。私たちの多くにとって、そのときの興奮は、大人になっても子どものときと同じようなやり方で続いています。夏の午後、小川で岩の下をのぞいたり、雷雲ができるのを見たりすることは、いまだに私の想像力を刺激します。私は、もっと知りたい、もっとしてみたいと思っています。

このような感覚は、私の子どもたちが小さかったとき、子どもたちと一緒でないとできないようなことをするための格好の口実となりました。ワゴン車に帆を張って、帆走で車道を横切れるかどうかやってみるなどということは、いくら面白そうだなと思ったとしても、手助けしてくれる子どもたちがいなければ楽しいものにはならなかったでしょう。

学校で生徒と一緒に活動し、彼らにそんな試みを追究する時間を与えられることは、私の仕事にやりがいをもたらしてくれます。いつの日か、孫たちが私に、遊びと探究の新しい領域を切り開いてくれるときが来ることを熱烈に期待しています。

教師としては、私たちを取り巻く世界への驚きという感覚をもち続けていることが重要です。探究の観察し、問いを発するための時間をもつだけでなく、発見の感激を分かち合うべきです。探究の喜びのモデルとしては、問いを立て、答えを探し求めるという、生まれつき子どもがもっている性向こそがふさわしいでしょう。ある意味、大人の科学者は、生来の「問いを立て、答えを探し求める」段階から成長していない人たちとも言えます。

探究は、私たちの種の起源と同じく古いとともに、どの時代にあっても最新であり続けます。探究は、理科教育の方法として、今後ますます研究され議論されていくことでしょう。ひょっとしたら、「**探究**」という用語は政治的な意味を帯びるようになっているかもしれません。探究アプローチの自立志向と子ども中心という本質は、その標語の用い方と価値を誤解している人々による「基本に帰れ」という叫びを引き起こしています。(1) 問いは科学の中心であり、問いを促進す

(1) このあたりの事情は、以前、日本で「総合的学習」が導入されたとき、「基礎学力こそが重要」という立場から強烈な揺り戻しを受けた経緯を思い起こさせます。近年、喧伝されている「アクティブ・ラーニング」が、かつての「総合的学習」のように「基礎学力」派によって再度粉砕されないよう、アクティブに学ぶこと、つまり探究学習こそが「基礎・基本」なのだと言えるような探究アプローチの実践を積み上げていくことが大切だと思います。

ること、実験を企画すること、記録すること、これらすべてが理科カリキュラムの核心とならなければなりません。探究こそが、まさに基本なのです！

各学年の最後に私は教室を見回し、かつての生徒たちの探究と発見が残したものに目を向けます。ヨットに動力を送る送風機、シャーレの中にある炭化カルシウムの結晶など、彼らの実験と問いのかけらが残っています。しばしの間、砂と戯れたり、放置され忘れられた植物を見つめたりせずにはいられません。私は、すでに新しい学年のことを考えはじめています――私たちはどんなことをするだろうか？　どんな発見がなされるだろうか？　どのようにしたら、全体をうまくやっていけるだろうか？

私は、想定していなかったことも受け入れるようになりました。新しい冒険を期待するようにもなりました。その年その年でいろいろな違いが出てきますが、この点は変わらないと確信していることがあります。それは、新しい生徒たちは（やり方はいろいろですが）学びたいと思っていること、広範な好奇心と関心をもってやって来ること、そして一人ひとりがすべて科学者としてここに来るということです。

彼らは、科学者が考えるようなやり方で考え、科学者が話すように言い、科学者が行うようにします。これによって、探究の冒険は続いていくことでしょう。

訳者あとがき

読まれて分かるように、本書はアメリカの小学校教師であるピアス先生の「科学的探究」という教育実践を丁寧に紹介したものです。

私自身、かつて栃木県子ども総合科学館に勤務していたことがあります。そのとき、展示品の制作やイベントにおける参加型実験ショーなどを企画するにあたり、アメリカの参加体験型博物館・科学館の事例を参考にしたことを、本書を訳しながら思い出しました。その後、中学校の理科教師に戻り、科学館での経験をもとにして、教科書をカバーするだけの授業スタイルから大きく転換し、「探究」を意識した授業づくりを行うようになりました。もし、そのころ本書を手にすることができていたら、もっと面白い授業ができたのではないかと思うほど、本書に書かれてあることは理科教師にとっては魅力的なものとなっています。

本書で紹介されているような科学的探究が、日本の学校においてどれほど実現可能性があるのか？　この点が、多くの読者にとっては気になるところでしょう。アメリカでは、この二〇年あまり、学習到達目標を足掛かりに教育の質の向上を図ろうとする動きが顕著なものとなりました。

理科については、『次世代科学到達目標（Next Generation Science Standards）』が二〇一三年に発表され、採択した州においてはすでに実施されています。このような大きな改革の流れの一つとして、本書第6章でも触れられている全米研究協議会の『全米理科（科学）教育到達目標』において、一九九六年に「探究」の定義が次のように公表されています。

科学的探究は、科学者が自然を調べ、その研究からもたらされた証拠に基づいた解釈を提案する過程で用いられる多様な方法のことである。（筆者訳）

この定義における基本的な考え方は、わが国の小学校学習指導要領（理科二〇一七年改訂）における、「『問題を科学的に解決する』ということは、自然の事物・現象についての問題を、実証性、再現性、客観性などといった条件を検討する手続きを重視しながら解決していくということである」という説明と通じるものがあります。つまり、「探究する科学」を実践することは、わが国の学習指導要領が求めている「見方・考え方」を含めて、目標である「自然の事物・現象についての問題を科学的に解決するために必要な資質・能力」を十分に達成するものであり、小学校教師のみならず中学校・高校の理科教師にも指導の手引きとして十分に機能するということです。

学習指導要領に定められた理科の配当時数には、補充学習や発展学習のための時間が含まれています。また、カリキュラム・マネージメントの観点からもそれらを活用したり、既存の指導計画を見直したり、指導内容の組み替えをしたりするなどといった工夫で、「探究」を軸にした授業を展開することが重要となります。本書が提起しているように、「教科書」も学びにおける資料の一つとして活用しつつ、本書で描かれたような「科学的探究」を理科の時間において十分に実践することは可能であると考えます。

また、本書では、「読む・書く・話す」という言語能力の育成につながる学習活動も豊富に紹介されています。科学者が観察・実験のデータなどを記録するノートは、研究活動のなかでも重要な役割を果たしているわけですが、本書においても、実験や観察の結果などを記録し、そのデータをもとに自分の考えを主張することが大切だとされています。日本の学習指導要領でも、教科横断的に言語能力を育成することの重要さが説かれていますが、理科教育においても、その趣旨をもっと積極的に生かしていくべきではないでしょうか。

本書で科学読みものを読むことが、探究を中心とした理科教育にいかに役立つかということが説得力をもって書かれていたことは驚きでしたが、そうした探究活動を支えるためには、資料や設備面でも工夫が求められます。教室には多くの科学・技術関連の啓発本、絵本を揃えて、学習資料として活用することが望まれます。それには、公立図書館や学校図書館との連携・協力という視点もぜひ加えていただきたいです。さらに、本物の科学者を教室に招くなど、専門家の協力を仰いで授業を展開していくことも、学習指導要領の柱の一つである「社会に開かれた教育課程」を実現する方策の一つとなります。まさに、教室の中だけで終わってしまう「閉じた活動」ではなく、生徒たちが「本物の科学者」のように探究活動を行うところに「科学的探究」の醍醐味があると言えます。

本書が、理科の授業を魅力的なものにしたいと考えている小・中・高等学校の多くの先生方に読まれ、その授業改善に役立つことを訳者一同願ってやみません。

最後になりましたが原稿の段階で目を通して貴重なフィードバックをしてくれた「科学者の時間」プロジェクト・チーム(2)のメンバーのみなさん（青木孝史さん、伊垣尚人さん、井久保大介さん、井上太智さん、内山智枝子さん、梅健さん、大関健道さん、長屋聖慰さん、森岡哲夫さん）、そして本書を日本の読者に提供してくれた株式会社新評論の武市一幸さんに感謝します。

二〇一九年一一月二五日

白鳥信義

（2）このチームは本書を参考にしながら、日本で「科学者の時間」の名称で探究理科の実践・開発・執筆を目的としています。興味のある方および本書に対する感想や質問などは、pro.workshop@gmail.com 宛にお願いします。

ショップ――「書く」ことが好きになる教え方・学び方』新評論、2007年

・ルーシー・カルキンズ／小坂敦子ほか訳『リーディング・ワークショップ――「読む」ことが好きになる教え方・学び方』新評論、2010年

・ジーン・クレイグヘッド・ジョージ／千葉茂樹訳『フクロウはだれの名を呼ぶ』あすなろ書房、2001年
・ジーン・クレイグヘッド・ジョージ／茅野美ど里訳『ぼくだけの山の家』偕成社、2009年
・杉みき子『雪の上のあしあと』恒文社、2001年（本書第５章参照）
・ダン・ロススティン＆ルース・サンタナ／吉田新一郎訳『たった一つを変えるだけ——クラスも教師も自立する「質問づくり」』新評論、2015年
・ドリーン・クローニン作、ハリー・ブリス絵／もりうちすみこ訳『クモくんのにっき』朔北社、2010年
・ナンシー・アットウェル／小坂敦子ほか訳『イン・ザ・ミドル——ナンシー・アトウェルの教室』三省堂、2018年
・馬場友希・谷川明男『クモハンドブック』文一総合出版、2015年・
・プロジェクト・ワークショップ編『増補版　作家の時間——「書く」ことが好きになる教え方・学び方【実践編】』新評論、2018年
・ピーター・グレイ／吉田新一郎訳『遊びが学びに欠かせないわけ——自立した学び手を育てる』築地書館、2018年
・フェイス・マクナルティ／前田三恵子訳『ウッドチャックものがたり』旺文社、1977年
・ふくだとしお『だれのあしあと』大日本図書、2005年
・プロジェクト・ワークショップ編『読書家の時間——自立した読み手を育てる教え方・学び方【実践編】』新評論、2014年
・ベティ・マクドナルド文、モーリス・センダック絵／こみや　ゆう訳『ピッグル・ウィッグルおばさんの農場』岩波少年文庫、2011年
・吉田新一郎『増補版「読む力」はこうしてつける』新評論、2017年
・吉田新一郎『読み聞かせは魔法！』明治図書、2018年
・ラルフ・フレッチャー／小坂敦子ほか訳『ライティング・ワーク

て検索できる形で美しい写真とともに掲載されています。 http://aoki2.si.gunma-u.ac.jp/BotanicalGarden/BotanicalGarden-F.html

・**科学道　100冊**——科学者の生き方、考え方や科学の面白さ、素晴らしさを味わえる本が紹介されています。ジュニア向け100冊、一般向け100冊がそれぞれ六つのテーマで分類されて示されています。https://kagakudo100.jp/

・**かがくのとも**——子ども向け科学絵本『かがくのとも』50周年記念のサイト。バックナンバーが通覧できます。「プラス1」での、巧みに選ばれた一般書と『かがくのとも』のコラボさも面白いです。https://www.fukuinkan.co.jp/kagakunotomo50/

・**科学読物研究会**——50年以上の歴史をもつ会のウェブサイト。活動の記録とともに、「本紹介」欄で科学よみものが豊富に紹介されています。http://www.kagakuyomimono.com/

・**かこさとし公式サイト**——かこさとしの全作品が、短い内容紹介とともに一覧できます。http://kakosatoshi.jp

訳注で紹介した本の一覧

・あべ弘士『雪の上のなぞのあしあと』福音館書店、1997年

・今森光彦（文・写真）『クモ——やあ！出会えたね』アリス館、2005年

・エリン・オリバー・キーン／山元隆春他訳『理解するってどういうこと？』新曜社、2014年）

・ジェニ・ウィルソン＆レスリー・ウィング・ジャン／吉田新一郎訳『増補版「考える力」はこうしてつける』新評論、2018年

・ジーン・クレイグヘッド・ジョージ著、ジョン・ショーエンヘール絵／西郷容子訳『狼とくらした少女ジュリー』徳間書店、1996年（ニューベリー賞受賞）

を入れていて、それに適したたくさんの本を出版しています。https://www.galileo-sci.org/#

- **学研　キッズネット**――「自由研究」、「科学」、「まんがでよくわかるシリーズ」の「ひみつ文庫」が理科の関心をそそります。「科学」のコーナーでは、テーマごとによいリンク先が紹介されています。 https://kids.gakken.co.jp/
- **科学実験データベース**――日本科学協会によるサイト。種々の実験や自然観察などの内容がイラストや写真を取り入れながら紹介されています。http://proto-ex.com/
- **NGK サイエンスサイト**――家庭で気軽にできる実験を紹介する日本ガイシのコンテンツです。米村でんじろう、左巻健男らによって制作された数多くの実験が紹介されています。https://site.ngk.co.jp
- **KoKaNet!**――子ども向け科学雑誌『子供の科学』のウェブサイト。オリジナル YouTube 映像、素材ダウンロード、子ども向け科学本紹介、お役立ちリンクなど、盛りだくさんの内容です。https://www.kodomonokagaku.com/
- **ワオ！科学実験ナビ**――「運動と力」、「音と光」など、領域に分類された実験の動画が集められています。（ワオ・コーポレーション）http://science.wao.ne.jp
- **野菜づくり講座**――野菜づくりの基礎がまとめられた「入門編」の他、根菜類、葉菜類、果菜類、ベビーリーフ、スプラウト、ハーブと種類別の指導も掲載されています。https://www.nakahara-seed.co.jp/lecture02.html
- **TED 日本語**――無数にある TED のプレゼンが厳選されて日本語・英語字幕つきで提供されています。「科学と技術」、「自然と生物」、「健康と医学」のジャンルのものが「科学者の話」を聞けるものとして役立つでしょう。http://digitalcast.jp/v/25858/
- **植物園へようこそ！**――現在 6,234 種の植物が、50音と季節によっ

・**気象庁**――「各種データ・資料」サイトには、気象、地震、火山などに関する最新のデータや過去のデータなど、豊富な情報が提供されています。https://www.jma.go.jp/jma/menu/menureport.html

・**きっずコーナー「e-気象台」へようこそ！**――気象庁による、天気や気象に関する子ども向けのサイトです。https://www.jma.go.jp/jma/kishou/e-jma/

・**国立科学博物館**――展示資料などに関するデータベースや解説とともに、特に以下のサイトには、動物、植物、化石、宇宙、理工などに関するデジタル学習コンテンツがたくさん用意されています。https://www.kahaku.go.jp/learning/digital/index.html

・**科学技術館**――科学技術館が作成した子ども向け科学雑誌『サイテク・キッズ』とYouTube映像にアクセスできます。http://www.jsf.or.jp/index.php

・**JAXAクラブ**――宇宙のしくみ、宇宙ステーション・ロケットの仕組みなどの情報が盛りだくさん。「宇宙実験室」「JAXA宇宙検定」「イベントの歩き方」のコーナーもあります。（宇宙航空研究開発機構）http://www.jaxaclub.jp/cgi-bin/

・**理科ねっとわーく**――「デジタル教材」、「実験・観察動画」、「シミュレーション」など、理科のデジタルコンテンツが豊富に見られます。（国立教育政策研究所）https://rika-net.com

・**理科自由研究作品データベース**――「自然科学観察コンクール」や「日本学生科学賞」で賞を受賞した小学生、中学生、高校生の自由研究作品のデータベースです。自分がやってみようと思っているテーマに関連した先行研究を調べることができます。http://sec-db.cf.ocha.ac.jp

・**ガリレオ工房**――ガリレオ工房は「科学の楽しさをすべての人に」伝えるための様々な取り組みを行う創造集団で、33年間の歴史をもっています。理科読（理系の読み物を読むこと）の推進にも力

2003年（絵本）
・向田智也『田んぼの一年』小学館、2013年（絵本）

科学的思考
・かこさとし『ぼくのいまいるところ（新版）』童心社、1988年（絵本）
・かこさとし『科学者の目（新版）』童心社、2019年
・ローズ・ワイラー、ジェラルド・エイムズ（文）、タリバルジス・スチュービス（絵）『たしかめてみよう』吉村証子訳、福音館、1969年（絵本）
・シャーロット・ゾロトウ（著）、ハワード・ノッツ（絵）『かぜはどこへいくの』松岡享子訳、偕成社、1981年（絵本）
・あきつきまくら（ぶん）『じどうはんばいきのしくみ（分解ずかん）』岩崎書店、2002年
・マリリン・バーンズ（著）マーサ・ウェストン（絵）『考える練習をしよう（普及版）』左京久代訳、晶文社、2015年
・マイケル・ファラデー『ロウソクの科学』三石巌訳、角川書店、2012年改版
・レイチェル・L・カーソン『センス・オブ・ワンダー』上遠恵子訳、新潮社、1996年

科学的探究に役立つサイトの紹介

（第８章の注６との関連で、日本語のインターネットサイトを紹介します。）

・**国立環境研究所**——「環境学習」のコーナーの「探究ノート」は、環境に関するトピックを豊富に紹介しており、環境学習の副教材として利用できそうです。高校の「実践レポート」や大学研究室紹介のコーナーもあります。http://www.nies.go.jp/

生き物たちのつながり

・バージニア・リー・バートン（著・イラスト）『せいめいのれきし』（改訂版）まなべまこと監修、いしいももこ訳、岩波書店、2015年（絵本）
・かこさとし『すばらしい世界　わたしたちの生命―自然と生命をまもる科学』（改訂新版）偕成社、2000年（絵本）
・谷本雄治、盛口満（イラスト）『土をつくる生きものたち 雑木林の絵本』岩崎書店、2005年（絵本）
・石井誠『昆虫と植物の不思議な関係――食べる、棲む、化ける…自然界を生き抜く知恵』誠文堂新光社、2009年
・パトリシア・ローバー（文）、ホリー・ケラー（絵）『たべることはつながること』ほそやあおい、くらたたかし訳、福音館、2009年（絵本）
・星野道夫『森へ』福音館、1996年（絵本）
・ピーター・シス『生命の樹 チャールズ・ダーウィンの生涯』原田勝訳、徳間書店、2005年（絵本）
・大野正人『命はどうしてたいせつなの？』汐文社、2015年

自然と人のかかわり

・富山和子『川は生きている（新装版）』（講談社青い鳥文庫）講談社、2012年
・かこさとし『かわはながれるかわははこぶ』農山漁村文化協会、2005年（絵本）
・今森光彦監修『里山はしぜんのおくり物（里山は未来の風景）』金の星社、2019年
・星野道夫（著・写真）『クマよ』福音館書店、1999年（絵本）
・ジャン・ジオノ著、フレデリック バック（イラスト）『木を植えた男』寺岡襄訳、あすなろ書房、1989年（絵本）
・山内祥子、片山健（イラスト）『アマガエルとくらす』福音館、

・室井恭子、水谷有宏『惑星のきほん：宇宙人は見つかる？　太陽系の星たちから探る宇宙のふしぎ』誠文堂新光社、2017年
・白尾元理『月のきほん：ウサギの模様はなぜ見える？　満ち欠けの仕組みは？　素朴な疑問からわかる月の話』誠文堂新光社、2017年
・駒井仁南子『星のきほん：星はなぜ光る？　素朴なギモンから知る星と宇宙の話』誠文堂新光社、2017年
・安野光雅『天動説の絵本』福音館書店、1979年（絵本）
・ピーター・シス『星の使者――ガリレオ・ガリレイ』原田勝訳、徳間書店、1997年（絵本）

大気・気象

・フランクリン・M・ブランリー『くうきは どこに？』おおにし・たけお、りゅうさわ・あや訳、福音館、2009年（絵本）
・フランクリン・M・ブランリー『ほら あめだ！』やすなり・てっぺい訳、福音館、2009年（絵本）
・かこさとし『台風のついせき竜巻のついきゅう』小峰書店、2001年（絵本）
・かこさとし『天地のドラマすごい雷大研究』小峰書店、2001年（絵本）
・いせひでこ『新装版 雲のてんらん会 』（新装版）講談社、2004年（絵本）
・森田正光、八板康麿（写真）『空と天気のふしぎ109』偕成社、2013年
・中谷宇吉郎『雪は天からの手紙』岩波書店、2002年
・筆保弘徳（著・監修）、岩槻秀明、今井明子『気象の図鑑（まなびのずかん）』技術評論社、2014年

科学読みものの紹介

（第７章の注３との関連で日本語で読めるものを紹介します。）

地球

・加古里子『地球』（絵本）福音館書店、1975年
・饒村曜監修『地球（学研の図鑑LIVE）DVD付』学研プラス、2016年
・アレクサンドラ・ミジェリンスカ、ダニエル・ミジェリンスキ『アンダーアース・アンダーウォーター：地中・水中図絵』徳間書店児童書編集部訳、徳間書店、2016年（児童書）
・クリスチアーナ・ドリオン『地球のひみつをさぐる』福本友美子訳、ひさかたチャイルド、2015年（絵本）
・フランクリン・M・ブランリー『じゅうりょくって なぞだ！』やもとけいこ訳、福音館、2010年（絵本）
・かこさとし『じめんがふるえる だいちがゆれる（かこさとしの自然のしくみ地球のちからえほん）』農山漁村文化協会、2005年（絵本）
・地学団体研究会『地層と化石でタイムトラベル（シリーズ・自然だいすき）』大月書店、2004年
・鎌田浩毅『地球は火山がつくった――地球科学入門』（岩波ジュニア新書）岩波書店、2004年

宇宙

・かこさとし『宇宙』福音館、1978年（絵本）
・池内了監修、大内正己監修・著『小学館の図鑑NEO〔新版〕宇宙 DVDつき』（新版）小学館、2018年
・上出洋介『太陽のきほん：太陽は何色？ どうやって生まれたの？ その活動から読み解く太陽のふしぎ 』誠文堂新光社、2018年

訳者がすすめる参考文献一覧（発行年の新しい順）

（すぐれた科学よみものを豊富に紹介している本を訳者たちが選んでみました。）

・かがくのとも編集部（編）『かがくのとものもと 月刊科学絵本「かがくのとも」の50年』福音館書店、2019年

・齋藤孝『文系のための理系読書術』集英社文庫、2017年

・かこさとし・福岡伸一『ちっちゃな科学——好奇心がおおきくなる読書&教育論』中公新書クラレ、2016年

・山本貴光編『サイエンス・ブック・トラベル——世界を見晴らす100冊』河出書房新社、2015年

・藤嶋昭・菱沼光代『子どもと読みたい科学の本——童話から新書まで』東京書籍、2013年

・斉藤・粥川・荒舩・宇都木『教えて！科学本——今と未来を読み解くサイエンス本100冊』洋泉社、2011年

・海部宣男『世界を知る101冊——科学から何が見えるか』岩波書店、2011年

・滝川洋二編『理科読をはじめよう——子どものふしぎ心を育てる12のカギ』岩波書店、2010年

・科学読物研究会編『科学の本っておもしろい2003-2009』連合出版、2010年

・赤木かん子『自然とかがくの絵本　総解説』自由国民社、2008年

・科学読物研究会編『新・科学の本っておもしろい』連合出版、2003年

・池内 了『科学を読む愉しみ―現代科学を知るためのブックガイド』洋泉社新書、2003年

・『別冊太陽　かがくする心の絵本100』平凡社、2002年

・京都科学読み物研究会編『子どもと楽しむ自然と本』連合出版、1989年

訳者紹介

門倉　正美（かどくら・まさみ）

1947年生まれ。横浜国立大学名誉教授（日本語教育学・哲学）。ピアス先生の理科の授業を受けたかったな、と思いながら訳しました。

白鳥　信義（しらとり・のぶよし）

1955年生まれ。帝京平成大学教授（理科教育学）。本書は理科好きな子どもが増えるヒントが満載です。

山崎　敬人（やまさき・たかひと）

1959年生まれ。広島大学教授（理科教育学）。本物の科学的探究の世界へと導いていくピアス先生の実践に魅了されました。

吉田　新一郎（よしだ・しんいちろう）

理科を教える際の核は「探究のサイクル」を回すことと長年言われてきましたが、本書でそれを実現するための方法が獲得できます！

本の感想や疑問・質問は、pro.workshop@gmail.com にお願いします。

だれもが〈科学者〉になれる！
――探究力を育む理科の授業――

2020年1月10日　初版第1刷発行

訳　者　門倉正美・白鳥信義
　　　　山崎敬人・吉田新一郎

発行者　武　市　一　幸

発行所　株式会社　新　評　論

〒169-0051 東京都新宿区西早稲田3-16-28
http://www.shinhyoron.co.jp

TEL 03（3202）7391
FAX 03（3202）5832
振　替 00160-1-113487

定価はカバーに表示してあります
落丁・乱丁本はお取り替えします

装　幀　山田英春
印　刷　フォレスト
製　本　中永製本所

ISBN978-4-7948-1143-1
Printed in Japan